L. Le...
Le Char...

LE
GRAND PALADIN
DE L'ÉGLISE

N° 21 des Fastes de l'Eglise

LOUIS LE LEU

LES FASTES DE L'ÉGLISE

VOLUMES PARUS

N. B. — A ceux qui veulent connaître, de façon approfondie, les faits et gestes de l'Eglise, nous signalons l'*Histoire de l'Eglise* de M. le chanoine LABIS, faisant suite à l'*Histoire de la Religion* du même auteur. (*Casterman, éditeurs, Paris-Tournai.*

La reine veuve était venue à la cour du roi Didier,
afin d'intéresser le roi des Lombards à sa cause. (P. 3o.)

LE
Grand Paladin

DE L'ÉGLISE

PAR

L. Le Leu

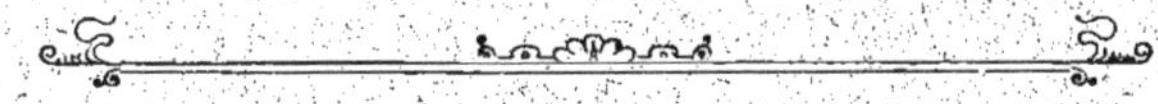

H. & L. CASTERMAN
ÉDITEURS PONTIFICAUX
Paris, Rue Bonaparte, 66 — Tournai (Belgique)

SOMMAIRE HISTORIQUE DU VOLUME.

Didier, roi des Lombards, trahit ses serments envers le Saint-Siège. — Le pape Adrien Ier fait appel au roi des Francs, Charles Ier. — Charles y répond et détruit la monarchie lombarde. — Nouvelles donations au Saint-Siège. — Mort d'Adrien Ier et avènement du pape Léon III. — Douleurs de son pontificat. — Son voyage en France. — Charlemagne, après deux nouvelles expéditions en Italie contre les révoltés lombards, assure la paix. — Son voyage à Rome, son couronnement. — Etablissement d'un saint empire romain d'Occident. — Mission providentielle de Charlemagne dans l'Occident chrétien. — Sa mort et celle du pape Léon III (de 768 à 814.

IMPRIMATUR

Tornaci, die 2 Septembris 1901.

V. CANTINEAU, can. cens. lib.

AVANT-PROPOS

Une aurore nouvelle s'est levée sur l'Eglise; nous sommes à la veille du neuvième siècle, et par elle, avec Charlemagne, le pôle politique du monde va être changé.

Depuis le jour où le sang du premier pape coula des plaies de Pierre crucifié sur le Janicule, que de combats, que de luttes, que d'événements!

Mais, à travers cet inextricable dédale de faits, de mutations, de bouleversements et de cataclysmes qui ont composé la grande fermentation du monde pendant ces huit siècles, il est facile de voir que tout cela tournait, sans le savoir la plupart du temps, autour d'un pivot occulte et souverain qui s'appelle la chaire de Pierre.

Comme une cellule primitive qui a reçu d'en haut la vie, avec la charge de la répartir en un corps futur dont elle hiérarchisera les organes pour l'unité, la chaire de Pierre était là, ferment caché d'une biologie nouvelle de l'Humanité. et, sans se lasser, elle poursuivait son œuvre.

Comme le tourbillon initial et central d'une nébuleuse, en voie de devenir un univers, la papauté battait des palpitations d'un puissant cœur au centre de cette décadence et de cette barbarie qui formaient alors les deux pôles du monde romain, à la fois mourant et naissant, et auquel l'Evangile devait donner la formule nouvelle de la vie.

C'est sous terre d'abord que le germe ecclésial est enfermé comme il convient à toute graine qui doit produire une végétation généreuse; c'est là que la chaleur de la foi des catacombes commence à le développer; puis, la jeune pousse projette des rameaux à la lumière du jour dès qu'un temps moins rigoureux leur permet d'essayer de grandir; mais, comme tout arbre doit être émondé pour devenir fort, soit que les intempéries frappent ses jeunes pousses ou que la main du jardinier les coupe, la hâche des persécutions remplit largement cet office, croyant, dans sa folie, détruire l'arbre, mais ne faisant, au contraire, que le fortifier puissamment.

Bientôt, les premiers fruits apparaissent et le vent du Seigneur les disperse sur toutes les routes du monde pour y germer à leur tour et produire ces ilots de végétation chrétienne dont la réunion formera un jour la grande forêt qui ombragera les peuples et les rois.

Semailles glorieuses, mais dangereuses aussi, car, de même que la reproduction d'un arbre par ses semences donne naissance à des sauvageons qu'il faut greffer, ainsi, la germination de la foi en tant de contrées diverses produisit des schismes et des hérésies, malgré la sollicitude du pontife romain pour les greffer en quelque sorte sur son propre tronc et leur donner la vie parfaite de l'unité.

Cependant, malgré toutes les tempêtes, le pivot suprême ne bouge pas de place, le tronc paternel n'est pas ébranlé, ses racines l'attachent fortement au sol romain, et c'est là et de là qu'il continuera à commander tout le système chrétien et catholique du monde.

Luttes passives contre les persécuteurs, combats actifs contre le judaïsme haineux, le philosophisme païen insidieux, les hérésies, les sophismes, telle est la vie de la papauté qui obtient un premier grand triomphe politique sur le paganisme avec Constantin, puis entre dans une nouvelle phase de tribulations avec les Césars de Byzance, dont l'incurie, l'incapacité et les débauches livrent l'empire aux invasions des barbares.

Mais la papauté toujours ferme et laborieuse dans l'ombre, inébranlable au milieu des tempêtes, parce qu'elle sait que la formule qui la régit est divine, ne se lasse ni de souffrir ni de lutter, et ses ennemis même s'inclinent devant la puissance morale que l'hérésie elle-même lui reconnaît, car il est à remarquer qu'en ces temps-là les hérétiques les plus farouches cherchaient bien à circonvenir l'autorité du pape de Rome, mais ne reniaient pas le principe de cette autorité magistrale pour tous.

Puis, la papauté se trouve comme isolée à Rome; les barbares ont déchiqueté l'empire d'Occident, il n'y a plus qu'un empire d'Orient dont le siège est à Constantinople et que la distance et l'hérésie séparent de Rome, devenue une simple province de cet empire dont elle était jadis le cœur et la tête, et autour de la ville éternelle s'agite le monde immense des barbares peu à peu civilisés et fixés par l'Evangile, et qui connaissent l'Eglise mieux que toute autre institution, parce qu'elle s'est montrée leur éducatrice et leur mère.

La province de Rome, alors, voit ses gouverneurs et les papes faire alliance dans l'autorité, et peu à peu, les circonstances donner aux papes un ascendant tel sur les peuples, que rien ne se fait sans eux dans la politique du monde.

C'est alors[1] que la barbarie des Lombards remplit l'Italie
de guerres et de troubles et que l'empereur de Constantinople
vainement sollicité par le pape, regarde ces événements d'un
œil indifférent, moitié par insouciance, moitié par condes-
cendance pour ceux qui dépouillaient l'Eglise.

Las de se tourner vers l'Orient insensible, la papauté se
souvient de Clovis et fait appel à la France sur le sol de
laquelle Pépin-le-Bref inaugurait une nouvelle dynastie de
rois.

Son appel est entendu et Pépin accourt pour délivrer
Rome, rendre à l'Eglise ses biens spoliés et constituer les
pontifes romains comme souverains indépendants d'un véritable état qu'il agrandit par des donations dont lui permettait
de disposer son droit de conquérant.

Mais la situation morale et temporelle de la papauté
n'est pas encore en son véritable équilibre, le pape ne saurait
être roi comme sont les rois avides de sang et de conquêtes.

Ce que la papauté veut réaliser, c'est l'union harmonique
des deux pouvoirs temporel et spirituel, non sur sa propre
tête uniquement, mais par l'entente cordiale entre elle, la
tête, et un trône temporel, le bras.

Et c'est le pape Léon III et Charlemagne qui réaliseront
ce rêve grandiose et nouveau, car si, dans le monde païen,
César était en même temps pontife, il était impossible que
dans le monde chrétien, César fut encore pontife, pas plus
qu'il ne se pouvait que le pontife fut César.

Voilà pourquoi nous verrons Charlemagne être créé
malgré lui par le pape Léon III, empereur d'Occident, pour
être le bouclier et l'épée de l'Eglise, et l'empereur et le

---

(1) Comme on l'a vue dans le xxᵉ volume de ces FASTES.

pape auront l'un pour l'autre des sentiments de souverain respect.

« La souveraineté n'appartiendra pleinement ni au pape ni à l'empereur, mais elle flottera contre les deux, incertaine et partagée.[1] »

Les deux pouvoirs ne se nuiront pas et ils vivront dans une intelligence parfaite et une déférence réciproques.

Charlemagne lèvera des impôts en Italie, rendra la justice à Rome, y veillera à l'ordre public, en un mot, y exercera toutes les prérogatives du pouvoir souverain, mais en même temps, le pape, à titre de propriétaire, aura dans ses domaines des administrateurs, des juges et des chefs militaires même, choisis par lui.

« Enfin, les monnaies frappées à Rome sous Charlemagne porteront d'un côté le nom du prince, et de l'autre celui du pontife ou la figure de saint Pierre, et, loin d'en tirer quelque preuve contre l'indépendance ou l'intégrité du pouvoir temporel, il est plus naturel d'y voir l'expression de l'accord heureux entre les deux puissances.[2] »

C'est bien un régime nouveau qui va s'inaugurer dans le monde et, peut-être, devant ce merveilleux résultat, l'Eglise a-t-elle cru que le règne mauvais de l'antichristianisme était passé et que le royaume de Jésus-Christ allait être enfin constitué sur la terre.

Mais le royaume du Christ n'est pas de ce monde, on ne saurait trop le répéter, et quand les roses du renouveau couvrent les buissons qui bordent les routes de la terre, elles ne

---

(1) Guizot, *Cours d'histoire moderne*, t. III. « Ces lignes, dit le cardinal Matthieu, écrites par un homme si compétent, nous semblent le plus près possible de la vérité. » *Le pouvoir temporel des papes justifié par l'Histoire.*

(2) Le cardinal Matthieu. *Ibid.*

sont qu'un voile parfumé qui console, pour un temps, des épines de l'hiver écoulé, et dont le souvenir entretient l'espérance annuelle du printemps jusqu'à ce que le muable soit fixé dans l'immuable et le temporel dans l'éternel.

LE
GRAND PALADIN
DE L'ÉGLISE

PREMIÈRE PARTIE

LA COURONNE DE FER

I

UN DRAME PONTIFICAL.

La ville éternelle retentissait encore des derniers échos des acclamations enthousiastes et unanimes qui avaient salué l'intronisation sur le siège de saint Pierre, du nouveau pape Adrien Ier donné comme successeur à Etienne IV.

Le nouveau pape avait pour lui tous les avantages qui font un homme illustre et populaire.

Né à Rome d'une noble et sainte famille patricienne, il avait la prestance et la beauté qui commandent aux premières sympathies; il avait aussi les qualités morales éminentes qui portent les sympathies jusqu'à l'admiration; patriote ardent, solide dans ses jugements, ferme dans ses desseins, sa dévotion et sa charité lui avaient d'avance gagné tous les cœurs.

Le pape Paul Ier l'avait jadis distingué, admis dans la

cléricature et au sous-diaconat en lui conférant la charge de notaire régionnaire; Etienne IV l'avait fait diacre.

Mais ces brillantes qualités et ces vertus n'étaient pas les seuls motifs pour lesquels le vœu unanime du clergé et du peuple l'avait mis en possession de l'héritage sacré de saint Pierre.

Le temps n'était plus, en effet, où il suffisait d'être un saint pour être appelé au souverain pontificat, alors que l'immortelle lignée spirituelle de Pierre n'avait qu'à croire, à confirmer et à mourir.

L'Eglise, comme nous venons de le voir, avait maintenant des intérêts temporels à sauvegarder, à défendre et à accroître et, désormais, avec des vertus divines, il allait falloir aux papes des qualités humaines et une véritable influence politique.

Voilà pourquoi le choix du pape Adrien fut secondairement déterminé par la situation puissante et l'influence de sa famille.[1]

Nous avons vu[2] comment le pape Etienne III avec l'aide de Pépin-le-Bref avait détaché la cause de l'Eglise romaine du vasselage de Constantinople, demandé la protection du roi des Francs, fait rendre gorge au roi des Lombards, constitué et fixé la manière d'être du pouvoir temporel des pontifes romains et assis sur le trône Langobard, le duc Didier pour assurer la paix intérieure et extérieure, confiant dans les solennelles promesses du nouveau roi.

Le trône pontifical qui, déjà, lorsque ses prérogatives n'étaient que spirituelles, s'était vu le point de mire de

---

(1) On croit qu'Adrien Ier était de la famille des Colonna qui prétendait remonter au célèbre Marius. Charlemagne, qui composa l'épitaphe de ce pape, y note qu'il était issu d'une noble et illustre suite d'ancêtres :

Nobilis ex magna genitus nam gente parentum.

(2) Voir le vol. précédent, t. xx de cette collection. *Le Pontife-roi.*

plusieurs tentatives d'usurpation sacrilège par des hommes que des factions turbulentes eussent voulu y asseoir malgré les règles canoniques et contre le Saint-Esprit lui-même, était du chef de ce nouveau lustre temporel, menacé de convoitises plus sacrilèges et plus odieuses encore.

Des hommes, en effet, dépourvus de tout caractère sacerdotal, des soldats grossiers allaient en rêver la conquête comme d'un simple trône politique. Il allait être nécessaire que l'Eglise veillât plus que jamais au choix de ses pontifes, afin que la majesté, spirituelle avant tout, du trône de Pierre, fut intégralement sauvegardée.

Au chevet d'Etienne III expirant, veillait et priait son frère Paul qui devait lui succéder et réunir la majorité des suffrages quoique l'archiduc Théophilacte était sur les rangs avec un petit nombre de partisans qui durent s'effacer devant la majorité du patriciat et du peuple qui acclama Paul.

Le nouveau pontife était donc roi et la Providence permit que son règne montrât au monde un étonnant contraste entre la royauté pontificale et la tyrannie laïque.

Les hommes de l'ancien régime romain, assurément, étaient encore là avec leurs idées d'hier qui les entraînaient quand même à des abus, mais la tête était changée à cet organisme, et Paul Ier se montra le roi idéal aux paternelles entrailles autour duquel tout est joie, espérance ou consolation.

Ailleurs, le sang continuait de couler à flots sur la scène politique, la chaîne des esclaves était toujours aussi pesante, l'âme des malheureux aussi ténébreuse ; à Rome, le pape-roi était tout à tous, des plus grands aux plus humbles ; les pauvres étaient nourris, les débiteurs insolvables libérés de leurs dettes, la veuve consolée, les orphelins recueillis, les captifs visités et allégés, les criminels même soustraits au glaive de la justice humaine et amenés à reconnaître humblement et docilement dans leur âme l'arbitrage éternel de

Dieu par l'organe de la conscience humaine, éclairée et rendue aux prérogatives de sa dignité.

Après dix ans de règne, le noble et saint pontife s'endormit dans le Seigneur, pleuré par la chrétienté tout entière.

Hélas! le pieux pontife n'était même pas mort encore; pendant qu'il agonisait, en proie à une attaque de fièvre violente, dans le presbyterium de la basilique de Saint-Paul-hors-les-murs, la ville de Rome était témoin d'un scandale inouï et d'un abominable sacrilège.

Une bande de soudards Toscans ameutée par le duc de Népi accompagné de ses trois frères, Constantin, Passivus et Pascal, ayant fait irruption dans la ville par la porte Saint-Pancrace, élurent pape Constantin, l'installèrent à main armée au Latran, et, comme celui-ci était laïque, forcèrent l'évêque de Préneste à lui conférer les ordres de la cléricature et à le sacrer le dimanche suivant dans la basilique de Saint-Pierre entièrement cernée et envahie par la plus brutale soldatesque.

Mais l'Eglise n'avait pas ratifié cette élection nulle de plein droit, et Dieu allait montrer qu'elle n'était pas plus ratifiée au ciel que sur la terre.

Il se trouva deux hommes qui jurèrent de sauver l'Eglise; c'était le primicier Christophe et son fils le sacellaire Sergius. Pleins de douleur et de larmes devant la profanation du siège apostolique, ils se promirent de le délivrer ou de mourir à la peine.

Le bruit fut habilement semé par eux dans la ville de Rome en état de siège, que, renonçant à leur haute situation dans l'état pontifical, ils avaient résolu de se consacrer à Dieu dans le monastère du Sauveur, à Spolète.

— Le bruit qui court sur vous est-il donc vrai? leur demanda l'usurpateur, et auriez-vous réellement l'intention de vous retirer du monde?

— Oui, Seigneur, répondirent-ils, telle est notre intention, et nous n'attendons que votre permission pour nous consacrer à notre nouvel état et sortir de Rome.

Constantin acquiesça à leur désir aussitôt et, ayant fait appeler l'abbé du monastère, il les lui présenta en disant :

— Voici deux officiers de notre cour qui veulent se consacrer à Dieu dans votre abbaye, je vous les remets afin que vous les conduisiez vous-même à Spolète et soyez responsable de leurs personnes qui me sont chères et dont vous répondez devant moi.

Le primicier et son fils partirent donc en compagnie de l'abbé, méditant en chemin sur les moyens de ne pas entrer dans le couvent où ils n'avaient pas du tout le désir de s'enfermer.

Enfin, arrivés à la frontière lombarde, ils réussirent à tromper la vigilance de leur gardien et s'enfuirent auprès du duc de Spolète qui les fit conduire au-delà du Pô, près du roi Didier, dont ils voulaient implorer l'appui.

En entendant leur récit, le roi Didier se sentit partagé entre deux sentiments, l'irritation de voir son vassal, le duc de Népi, usurper des domaines et lui préparer peut-être des difficultés pour l'avenir, et la satisfaction de voir l'Eglise troublée par un schisme de cette nature.

Aussi, sa réponse traduisit-elle ces deux sentiments.

— Personnellement, dit-il, je ne saurais m'engager dans cette affaire, mais je vous laisse libres de recruter des volontaires pour cette cause dans mes états.

Sur ces entrefaites, Constantin ordonnait des prêtres et des diacres et sacrait des évêques,[1] mais la main même qui l'avait ordonné et sacré, subissait un étrange phénomène. L'évêque de Préneste, en effet, venait de tomber malade

---

(1) Ordinations que le pape Etienne III déclarera valides quoique irrégulières et qu'il refusera de réitérer tout en faisant à leurs titulaires un sort sévère à titre de satisfaction canonique (*Liber Pontificalis*).

d'une étrange maladie qui le conduisit au tombeau en quelques jours et pendant laquelle sa main droite se contracta et se dessécha dans une paralysie complète.

Pendant ce temps-là, Christophe et Sergius auxquels s'était adjoint le prêtre lombard Waldipert, parcouraient les villes et rassemblaient une armée qui, le soir du 28 juillet 768, vint camper sous les murs de Rome.

Sergius qui avait ménagé des intelligences dans la garde de la porte Saint-Pancrace se la fit ouvrir, et, le lendemain, la ville de Rome était un champ de bataille sur lequel la victoire planait incertaine. Enfin, elle resta aux lombards et la milice romaine s'empara de Constantin qui s'était enfui du Latran et caché dans la basilique au fond de l'oratoire de Saint-Césaire d'où on le tira pour le jeter en prison.

Christophe et Sergius, en acceptant l'aide du prêtre Waldipert, n'avaient pas prévu la trahison qu'il méditait dans son cœur.

A la tête d'une faction lombarde à laquelle il avait su réunir par ruse quelques romains, il résolut de faire élever sur la chaire de Saint-Pierre un prêtre de son parti nommé Philippe.

Ce jour-là qui était un dimanche, les factieux réunis au monastère de Saint-Vitus, crièrent tout d'une voix :

— Vive le nouveau pape Philippe! C'est Pierre lui-même qui l'a choisi pour son vicaire!

Et, le plaçant sur leurs épaules, ils le portèrent en triomphe au Latran selon le rite accoutumé. On trouva un évêque qui fit les prières d'usage, puis le nouvel intrus donna sa bénédiction et fut conduit au palais apostolique.

Là, il monta sur la chaire pontificale et donna de nouveau la bénédiction solennelle après laquelle il s'assit au festin qu'on avait préparé selon la coutume dans le *triclinium* du Latran.

Charles franchissait les Alpes à la tête de ses armées. (P. 42.)

Cependant, la nouvelle de cette deuxième élection frauduleuse arriva aux oreilles du primicier Christophe qui était au milieu de ses soldats à la porte vaticane.

Devant l'intrigue lombarde et son dénouement, il entra dans une grande indignation.

— Peuple et soldats, s'écria-t-il, la chaire auguste du bienheureux Pierre est devenue une seconde fois la proie des sacrilèges; votre dévouement à la cause du pontificat régulier aura-t-il donc été vain? Quant à moi, je jure de ne point déposer les armes tant que l'intrus Philippe frauduleusement installé sur le trône du prince des apôtres par une faction hypocrite, n'en aura pas été chassé!

Des acclamations applaudirent à ses paroles.

Aussitôt, le cartulaire Gratiosus, prenant avec lui une petite troupe de Romains fidèles, courut au Latran et mit en fuite les partisans de Philippe et Philippe lui-même qui s'échappa par l'escalier de la salle des bains et courut s'enfermer dans son monastère d'où il n'aurait jamais dû sortir.

Le primicier Christophe consentit alors à faire son entrée dans Rome et, le lendemain, il appelait pour une élection régulière les trois ordres de la cité romaine, les prêtres et les évêques; l'armée et ses chefs, les sénateurs et les citoyens du plus petit au plus grand.

Ainsi fut acclamé pontife, Etienne, prêtre du titre de Sainte-Cécile qu'on alla chercher dans cette basilique pour le porter selon l'usage au Latran, au milieu de l'allégresse universelle.

Constantin fut tiré de prison et amené à la basilique du Sauveur où, après avoir entendu la lecture des canons relatifs aux élections pontificales, il fut solennellement déposé par les évêques réunis et dépouillé honteusement de ses ornements pontificaux que l'on déchira et qu'on foula aux pieds.

Le lendemain Dimanche,[1] Etienne IV reçut à Saint-Pierre la consécration solennelle suivie d'une cérémonie exceptionnelle.

Le *scriniarius* Léonce monta à l'ambon et fit amende honorable pour le passé, s'accusant au nom du peuple romain tout entier d'avoir permis l'élévation d'un intrus et la profanation sacrilège du siège apostolique.

Le règne du nouveau pontife, quoique de courte durée, ne devait pas être exempt de tribulations.[2]

Ces bouleversements avaient exaspéré l'opinion publique et le peuple se livra à des représailles sanglantes qui durent remplir d'amertume le cœur humble et doux de ce pontife.

Etienne comprit qu'il fallait mettre désormais le siège apostolique à l'abri de pareilles tentatives et il assembla au Latran un concile auquel il appela les meilleurs théologiens des Gaules, afin de juger canoniquement Constantin et de reformer pour l'avenir le mode des élections pontificales.[3]

Didier, roi des Lombards, au mépris de ses engagements n'avait pas encore remis au Saint-Siège les territoires dont il s'était emparé pendant les troubles, et, à bout de sollicitations, le pape Etienne s'était adressé, pour demander justice, aux princes francs Charles et Carloman, qui s'étaient partagé le royaume de leur père Pépin-le-Bref.

(1) D'après le rituel en usage, le sacre d'un pape ne pouvait avoir lieu qu'un dimanche, quelque fut d'ailleurs le jour de son élection.

(2) A Etienne III qui régna de 752 à 757, succéda saint Paul Ier, son frère (757-767). De 767 (28 juin), à 768 (8 août), vacance du Saint-Siège et intrusion de l'antipape Constantin et de l'intrus Philippe. Etienne IV régna de 768 à 772. saint Adrien Ier lui succéda pour treize ans (772-795).

(3) Ce fut ce concile qui décréta qu'à l'avenir aucun laïque ni clerc ne pourrait être promu au souverain pontificat, s'il n'avait passé régulièrement par les divers degrés de la hiérarchie ecclésiastique pour arriver au rang d'archidiacre ou de prêtre cardinal. *(Liber Pontificalis)*, et Darras, *(Hist. de l'Église)*. Nous verrons par la suite ces canons maintes fois violés par les factions ou les partis politiques qui convoiteront le trône de saint Pierre.

Le roi Didier entra alors dans une grande colère et jura de mettre à mort Christophe et Sergius qui étaient les plus actifs défenseurs des droits apostoliques.

Mais l'hypocrite déguisa sa fureur et annonça qu'il allait se rendre à Rome le plus pacifiquement du monde, pour accomplir un pèlerinage au tombeau des Apôtres.

Didier dissimulait ainsi son dessein perfide qui était de s'emparer du primicier et de son fils.

Mais ceux-ci furent avertis qu'un cubiculaire du palais de Latran nommé Paul, soudoyé par Didier, était entré dans le complot royal avec des satellites à sa solde; aussitôt, ils firent fermer les portes de Rome après avoir renforcé la garnison de la ville avec des renforts recrutés en Toscane, en Campanie et dans le duché de Pérouse.

Didier, cependant, arriva impromptu à la basilique de Saint-Pierre,[1] d'où il envoya prier Etienne de venir conférer avec lui. Le pape accéda à son désir, fit valoir de nouveau ses droits et revint au Latran.

Pendant ce temps-là, Paul et ses satellites attaquaient le Latran où se trouvaient Christophe et Sergius.

Etienne IV tint héroïquement tête à l'émeute.

— Malheureux! s'écria-t-il, que faites-vous ici? Vous profanez la demeure du vicaire de Jésus-Christ! Retirez-vous, je vous l'ordonne!

Intimidés, les émeutiers cédèrent, mais gardèrent le palais à vue.

Le lendemain, comme le pape s'était rendu à une nouvelle conférence à Saint-Pierre avec Didier, les portes de la basilique furent fermées par ordre de celui-ci, et le pape et ceux qui l'avaient accompagné se trouvèrent prisonniers.

Christophe et Sergius, cependant, se tenaient au dehors avec une multitude de peuple.

(1) Qui se trouvait à cette époque en dehors de l'enceinte fortifiée.

Alors, Didier, au lieu de conférer avec le pape, éclata en reproches et en menaces contre le primicier et son fils.

Pendant ce temps-là, deux évêques sortirent de la basilique pour parlementer avec Christophe et Sergius au nom du pape, par-dessus les murs des remparts.

— Le très saint pape, leur dirent-ils, vous enjoint de déposer les armes et de venir près de lui dans la basilique, ou si vous préférez pourvoir à votre sûreté personnelle, fuyez sans retard dans un monastère.

Mais c'était par ordre du roi et non du pape qu'ils agissaient ainsi.

— S'il nous faut succomber, répondirent Christophe et Sergius, nous aimons mieux mourir au milieu de nos frères, car nous n'avons aucune confiance dans le roi Didier.

Mais le peuple prit peur et, les uns par crainte de Didier, les autres par feinte d'obéir aux ordres que le pape était censé avoir donnés, abandonnèrent Christophe et Sergius.

Le duc Gratiosus, leur parent, donna le signal de la défection et se rendit la nuit auprès du pape; eux-mêmes se résolurent à en faire autant.

Comme ils arrivaient à la basilique, ils furent saisis par les sentinelles lombardes et conduits au roi.

Didier les amena devant le pape et dit à Etienne :

— Vous voyez, seigneur pape, que le droit est pour moi; ces hommes sont mes prisonniers et leur vie est entre mes mains. Je vous laisse conférer avec eux pour la solution de nos différends.

— Vous n'avez, leur dit alors le pape, lorsqu'ils furent seuls, qu'un moyen de sauver votre vie, c'est de déclarer que vous abdiquez toute charge publique et que vous voulez entrer dans un monastère.

Et il ajouta aussitôt :

— Prenez ce parti, c'est le seul qui vous convienne, c'est en prison que vous allez, mais avec la grâce de Dieu et l'assistance du bienheureux Pierre dont les chaînes furent jadis brisées par un ange, vous recouvrerez bientôt, je l'espère, la liberté.

Cédant à la nécessité, Christophe et Sergius avaient accepté. Aussitôt, ils furent incorporés au clergé régulier de la basilique. Leur seule consolation était de croire que leur vie était sauve et leur délivrance prochaine.

Etienne le croyait aussi. Il célébra la messe en présence du roi des Lombards et se hâta de rentrer dans Rome, afin de préparer l'évasion du primicier et de son fils. Pour cela, une porte secrète qu'ils connaissaient, devait leur être ouverte pendant la nuit par des émissaires du pape.

Le soleil n'était pas encore couché que Paul, le cubiculaire et ses satellites accoururent à Saint-Pierre, pénétrèrent de vive force dans les bâtiments, s'emparèrent de Christophe et de Sergius et leur crevèrent les yeux à la porte vaticane.

Trois jours après, Christophe mourait dans le monastère de Sainte-Agathe où ses assassins l'avaient enfermé; quelque temps après, Sergius qui avait survécu aux horreurs de son supplice, fut étranglé par ordre de Paul dans son cachot du *Clivus Scauri*, où il était détenu.

Le pontife lui-même ne devait pas survivre longtemps à de semblables douleurs; le chagrin l'emporta bientôt et il mourut laissant la chaire du bienheureux Pierre au plus digne et au plus habile.

C'est ainsi que huit jours après, Adrien montait sur le trône apostolique avec la redoutable mission de ceindre et de garder intactes les deux couronnes entrelacées d'épines aiguës, celle du pouvoir spirituel et celle de la royauté temporelle.

II

A travers la foule curieuse de spectacles, massée aux abords du palais de Latran, un cortège seigneurial se frayait passage à grand peine.

— Qu'est-ce que cela? demandaient les uns.

— Ne le savez-vous pas, répondaient les autres. C'est l'ambassade que le roi Didier envoie au très saint pape pour traiter des conditions de la paix après laquelle nous soupirons tous. Le très illustre seigneur Adrien saura faire respecter ses droits et les nôtres.

En effet, les trois ambassadeurs, splendidement vêtus, entrèrent au Latran solennellement. C'étaient le duc de Spolète, Theodicius, Tunno, duc d'*Ebura Regia*,[1] et le *vestiarius*[2] Prandulus, que Didier s'était empressé d'envoyer au pape Adrien aussitôt sa nomination et son sacre, pour lui proposer une alliance.

Le pape-roi était assis sur son trône dans la salle patriarcale du palais, entouré de toute la cour pontificale.

(1) Ivrée.
(2) Chambellan du roi.

Les ambassadeurs se prosternèrent et lui dirent après les
compliments d'usage :

— Très saint pape, nous venons au nom de notre puissant seigneur et maître, le roi Didier, vous exprimer son
désir de vivre avec vous dans une étroite alliance, vœu que
les circonstances les plus défavorables l'ont empêché de réaliser avec les bienheureux prédécesseurs de votre béatitude.

— Moi aussi, répondit le pontife, je veux conserver avec
tous les chrétiens la paix la plus parfaite. Je serai constam-
ment fidèle aux traités conclus avec le roi Didier, et je ferai
tout pour maintenir l'alliance entre les Romains, les Francs
et les Lombards.

« Mais, dites-moi, comment puis-je avoir foi en sa parole
après tout ce que m'a dit lui-même de la mauvaise foi de
votre maître, mon prédécesseur de sainte mémoire, le seigneur pape Etienne?

» Le roi Didier a menti outrageusement au bienheureux
Pierre, prince des apôtres, m'a-t-il dit. Après avoir juré sur
l'autel de la confession, de rendre à l'Eglise romaine les
possessions usurpées, il n'en a pas restitué une seule. Son
parjure n'avait d'autre but que d'assouvir la vengeance qu'il
méditait contre le primicier Christophe et son fils, le secon-
dicier Sergius. Les horribles tourments infligés à ces nobles
serviteurs du Saint-Siège, leur mort tragique, ces événements
si funestes sont l'œuvre de Didier.

» Ce n'est pas tout, et mon vénéré prédécesseur m'en a dit
davantage encore.

» Poursuivant ses confidences, il a ajouté qu'ayant, plus
tard, envoyé le *defensor* Anastase et le sous-diacre Gemmulus
près du roi Didier, pour l'inviter à exécuter ses promesses, il
n'en a pu tirer d'autre réponse que celle-ci :

» — Ne suffit-il pas à l'apostolique Etienne de s'être vu
délivrer par moi de la tyrannie de Christophe et de Sergius?
Je n'ai point d'autre justice à lui rendre. Il sait bien que,

sans moi, le roi des Francs, ami de ces deux rebelles, était prêt à venir avec son armée venger leur mort, s'emparer de Rome et de la personne même du pontife.

» Pensez-vous, reprit alors le pape Adrien, que de pareils antécédents puissent donner une haute idée de la valeur du roi votre maître, de sa bonne foi et de la confiance que méritent ses engagements les plus sacrés? »

— Hélas! s'écrièrent alors les ambassadeurs, votre béatitude, seigneur pape, a bien sujet de montrer de la défiance, si telle est l'opinion qu'elle a du caractère du roi notre maître. Les difficultés ont été grandes pour le roi Didier, et les responsabilités des événements ne sont pas toutes contre lui.

» D'ailleurs, nous protestons devant votre béatitude et nous jurons solennellement que les justices refusées au seigneur pape Etienne seront intégralement rendues au nouveau pontife que Dieu vient de donner à son Eglise, dans la personne de votre béatitude avec laquelle notre seigneur et maître est résolu fermement de conserver le lien d'une indissoluble union et charité.

— C'est bien, répondit Adrien, je ne puis repousser vos serments et vos protestations que j'espère trouver loyales au temps où les événements devront les confirmer. Répondez au roi Didier que je vais lui envoyer des légats pour traiter avec lui sur ce sujet important.

Les ambassadeurs Lombards se retirèrent. Peu de temps après partaient de Rome le notaire régionnaire Etienne et le cubiculaire Paul envoyés par le pape vers le roi Didier.

Ils arrivèrent à Pérouse, et là, ils purent voir toute l'étendue de la fourberie de Didier.

Le roi des Lombards venait d'envahir la cité de Faenza, le duché de Ferrare et le *castrum* de Comacchio du duché de Ravenne, concédés par Pépin, Charles et Carloman, rois des Francs et patrices des Romains, au bienheureux Pierre, apôtre.

Il y avait à peine deux mois qu'Adrien était assis sur la chaire de saint Pierre.

L'armée lombarde étreignait Ravenne, emportait d'assaut les forteresses, pillait les villages et les campagnes et emmenait en captivité les malheureux habitants au désespoir et déjà décimés par la famine.

Les deux légats remirent au roi Didier les lettres du pape et lui demandèrent pourquoi, loin de remplir ses promesses, il envahissait les cités pontificales.

— Je ne rendrai rien, répondit laconiquement Didier, avant d'en avoir conféré avec le pontife en personne.

Sur ces entrefaites, le pape Adrien recevait une étrange confidence.

L'un des deux légats auxquels il avait accordé sa confiance, le cubiculaire Paul, était celui-là même qui avait fait aveugler et périr de mort violente Christophe et Sergius.

Cette révélation atterra le pontife.

Une rapide enquête apprit bientôt au pape et peu après à toute la ville de Rome que le cubiculaire était le plus grand des scélérats.

Adrien, aussitôt, craignant que Paul, informé que ses crimes étaient connus, ne s'enfuit ou ne restât près du roi lombard, fit partir dans le plus grand secret pour Ravenne le tribun Julien, afin de mettre l'archevêque Léon dans la confidence et de se concerter avec lui pour arrêter le cubiculaire quand il passerait à Rimini ou à Ravenne.

Cependant, le cubiculaire criminel, qui était alors auprès du roi Didier, trahissait indignement le pontife.

Des deux fils de Pépin le Bref qui, après sa mort, s'étaient également partagé le royaume de France, Carloman était mort.

Le roi Charles[1] voulait unifier la monarchie sous son

(1) Qui devait être Charlemagne.

sceptre unique, mais Carloman[1] laissait une femme et deux enfants. La reine-veuve était donc venue à la cour du roi Didier, amenant ses enfants avec elle et accompagnée du duc Autchaire et de plusieurs leudes Neustriens, afin d'intéresser le roi des Lombards à sa cause. Il s'agissait d'obtenir du pape Adrien qu'il conférât l'onction royale aux deux jeunes princes.

Didier avait accueilli favorablement la reine de Neustrie et il avait formé le projet d'obliger le pape à sacrer les deux enfants. Il savait que s'il obtenait cela du pontife, le roi des Francs, Charles, romprait violemment avec le siège apostolique, que la guerre civile serait allumée dans les Gaules et qu'à la faveur de ces troubles, lui, Didier, roi des Lombards, soumettrait sans coup férir à sa domination Rome et l'Italie abandonnées et sans défense.

Et c'était là le projet qu'il venait de confier au cubiculaire Paul en le faisant entrer dans cet infâme complot.

— Seigneur roi, répondit le cubiculaire, soyez tranquille, personne à Rome, pas même le seigneur pape, ne sait que je vous suis dévoué. Vous voulez avoir une entrevue avec le pape, je vous l'amènerai, quand je devrai le traîner jusqu'à vos pieds la corde au cou.

Après avoir fait cette promesse au roi Didier, le scélérat se mit en route. Bientôt, il arrivait à Rimini, se dirigeant sur Rome.

Comme il entrait dans la ville, deux hommes le saluèrent respectueusement et lui dirent :

— Est-ce au très illustre cubiculaire Paul, légat du très bienheureux et saint pontife Adrien, que nous avons l'honneur de parler?

— Vous l'avez dit, répondit le cubiculaire, c'est moi-même.

______

(1) Qu'il ne faut pas confondre avec le prince Carloman, bénédictin et oncle de celui-ci.

Je suis, du reste, assez connu. Que désirez-vous de moi?

— Nous sommes envoyés à votre rencontre, dirent les deux hommes, par le seigneur évêque Léon, qui doit vous faire une communication importante de la part du très saint pape, et chargés de vous conduire auprès de lui.

Le cubiculaire les suivit sans défiance, nullement étonné que l'archevêque de Ravenne fut venu à Rimini à sa rencontre, sur l'ordre du pontife, dans un but diplomatique.

Mais il revint bientôt de sa confiance, lorsqu'il vit s'ouvrir devant lui la porte de la prison.

— Trahison! s'écria-t-il, dans quel piège infâme avez-vous osé attirer sacrilègement un légat du très saint pape; vous répondrez de votre sacrilège devant le bienheureux Pierre, prince des apôtres, et le très saint pontife Adrien.

— Paix! lui dit l'un de ses guides, l'ordre du très illustre évêque Léon, en exécution des ordres formels du très saint pape, est de vous arrêter et de vous conduire sous bonne garde à Ravenne et voici cet ordre écrit et scellé comme de droit.

Le lendemain, le cubiculaire était transféré et incarcéré dans la prison de Ravenne.

Pendant ce temps-là, le pape Adrien qui avait fait arrêter ses principaux complices, poursuivait activement l'instruction de leur procès. Tout se découvrit et l'endroit même où avaient été enterrés les corps de Christophe et de Sergius, qui furent exhumés pour être inhumés solennellement dans la basilique de Saint-Pierre.

Les trois coupables livrés au préfet de Rome et jugés en présence de tout le peuple qui réclamait leur mort à grands cris, montrèrent un tel repentir qu'ils échappèrent au supplice et, condamnés à un exil perpétuel, furent déportés en Orient.

Quant au cubiculaire Paul qui était toujours dans la prison épiscopale à Ravenne, le pape envoya les pièces du procès à l'archevêque Léon avec ordre de les lui lire et d'obtenir de lui les aveux de son crime.

Mais l'archevêque renvoya les pièces et le prisonnier au tribunal consulaire de Ravenne au lieu d'instruire lui-même, comme il en avait reçu l'ordre du pape.

Le procès fut publié et le cubiculaire avoua tous ses crimes.

Ce fut indirectement que le pape apprit et les aveux du cubiculaire criminel, et sa condamnation à mort, et son repentir.

Aussitôt, son cœur apostolique s'émut de pitié, et, désireux de ménager au coupable le temps nécessaire pour faire pénitence, le pape ordonna à l'archevêque Léon d'envoyer le prisonnier en exil dans les provinces d'Orient.

Ce fut le sacellaire Grégoire qui allait en ambassade à Pavie, qui transmit cet ordre du pape.

— La route de Constantinople est fermée, répondit l'archevêque ; si nous faisons passer le prisonnier par Venise, le duc Maurice nous l'enlèvera pour l'échanger contre son fils actuellement prisonnier du roi Didier.

— Alors, répondit Grégoire, le très saint pape vous ordonne d'attendre mon retour et j'emmènerai le cubiculaire Paul à Rome pour le présenter au seigneur pape. Je vous rends responsable de sa vie.

Mais, quand Grégoire revint de sa mission, le cubiculaire avait été exécuté par ordre de l'archevêque.

— Quoi ! s'écria le sacellaire indigné, comment avez-vous pu, seigneur évêque, oser enfreindre les ordres si formels du très bienheureux pontife, le seigneur pape Adrien ! Ne sentez-vous pas le poids de votre faute ?

— Justice a été faite, répondit l'archevêque Léon, la mort de tant d'innocents et de si illustres victimes devait être vengée.

Mais, quelques jours après, pris d'un remords, il envoya un messager au pape pour implorer son pardon.

Le pontife ne le lui accorda pas et se borna à lui envoyer cette sévère réponse.

— Vous êtes et vous resterez responsable de votre conduite devant votre conscience et devant Dieu. Dès que le coupable manifestait un sincère repentir, il fallait songer à son âme et lui donner le temps de la pénitence. Telle était ma pensée en vous envoyant mon sacellaire Grégoire avec mission d'amener le prisonnier à Rome.

Le roi Didier continuait à ravager toutes les terres de l'Eglise, multipliant partout le carnage et l'incendie, tandis que le pape lui envoyait messages sur messages pour essayer, mais en vain, d'arrêter le cours de ces calamités.

Le roi parjure restait sourd à toutes ces démarches et ses troupes s'avançaient jusque sur les frontières romaines, prêtes à en envahir les territoires et à y continuer leurs dévastations.

Le pape réunit alors vingt légats choisis parmi les plus vénérables religieux des abbayes voisines et, sous la conduite de l'abbé du monastère de la Sainte-Mère de Dieu, situé dans la Sabine, il les envoya au roi des Lombards.

III

La digne ambassade de ces pieux serviteurs de Dieu dont
les vertus et les mérites faisaient la vénération de l'Italie, se
présenta devant Didier; prosternés à ses pieds qu'ils bai-
gnaient de leurs larmes, ils s'écrièrent :

— Très illustre seigneur roi, au nom du bienheureux
Pierre, prince des apôtres, nous vous supplions et vous con-
jurons de mettre un terme à tant d'affreuses calamités.
Cessez cette guerre impie et sacrilège qui déshonore votre
nom. Rendez justice au très saint pape.

Mais Didier demeura insensible à toutes leurs supplications et resta froid comme un rocher devant leurs larmes et
leurs prières.

Les vénérables légats reprirent alors, consternés, le chemin de Rome.

Pendant ce temps-là, Didier, de son côté, envoyait au
pape deux ambassadeurs, le référendaire André et le duc
Stabilès.

— Seigneur pape, dirent-ils au pontife, nous venons de
la part du roi, notre maître, vous dire qu'il désire vivement
avoir une conférence personnelle avec votre béatitude.

— Certes, répondit Adrien, je ne refuse pas de conférer avec le roi Didier, mais je n'accepterai cette conférence que si, lui-même, commence par donner en ma personne satisfaction au bienheureux Pierre.

« Jurez-moi en son nom devant le Dieu tout-puissant qui nous voit et nous jugera un jour, que le roi Didier est prêt à remettre entre mes mains les villes et territoires qu'il vient d'usurper. Dites-lui alors que je ne demande pas mieux que d'avoir avec lui une entrevue soit à Pavie, soit à Pérouse, soit même à Rome ou en quelqu'autre lieu qui puisse lui convenir.

» Qu'il commence par nous rendre justice par ces restitutions et, dans une conférence pacifique, nous discuterons et réglerons tout ce qui peut convenir aux intérêts du peuple de Dieu dans nos états.

» S'il doute de ma parole, dites-lui que je l'autorise à réoccuper toutes les provinces usurpées, dans le cas où, après qu'il me les aurait fait rendre, je ne consentirais pas à m'aboucher avec lui.

» Mais, s'il refuse de faire cette restitution et de nous rendre justice, il ne verra jamais ma face.

» Je vais lui envoyer de nouveaux légats entre les mains desquels il remettra les cités et les forteresses appartenant au Saint-Siège, et cette restitution accomplie, j'irai le trouver en personne au lieu qu'il me désignera. »

Joignant alors l'action à la parole, le pape Adrien fit suivre les ambassadeurs lombards qui s'en retournaient, d'une députation composée du moine hégoumène Pardus, préfet du monastère de Saint-Sabas et du premier *defensor* Anastase.

Ils se présentèrent à Didier, mais ni leurs explications, ni leurs larmes, ni leurs prières, n'émurent l'inflexible bandit couronné.

Ils partirent et revinrent à Rome, comme les autres,

consternés et sans un gage de justice ni même une parole d'espérance.

Le pontife ne se découragea pas.

Il envoya à Pavie une nouvelle députation composée de tous les ordres du clergé et du peuple romain.

Pour toute réponse, Didier continua de ravager et de dévaster le territoire romain.

— Voilà, dit-il aux envoyés du pape, tout ce que j'ai à vous dire. Le seigneur pape me connaît-il si peu? je lui montrerai qui je suis, et bientôt il me verra venir, à la tête de mes armées, faire le siège de Rome.

A cette nouvelle, le pontife et le peuple, consternés, se jetèrent à genoux, implorant le secours du ciel dans ces conjectures désespérées.

Les portes de Rome furent fermées, les murailles réparées et fortifiées et la défense fiévreusement organisée.

Pendant ce temps-là, le pontife envoyait par la voie de mer dans les Gaules, des nonces au roi Charles, roi des Francs et patrice des romains avec des lettres pour le conjurer de suivre l'exemple glorieux de son illustre père Pépin de grande mémoire, et de venir secourir les provinces de Ravenne et de Rome et délivrer le siège apostolique.

Didier marchait sur Rome comme il l'avait annoncé aux légats apostoliques.

Il était accompagné de son fils Adalgise, de la reine de Neustrie, veuve de Carloman et de ses deux fils auxquels le roi des Lombards voulait forcer Adrien à donner l'onction royale.

Un ambassadeur du roi lombard fut alors envoyé par lui au pape pour annoncer à Adrien sa prochaine arrivée.

— Allez dire au roi Didier, répondit Adrien, que je ne puis que lui répéter par votre entremise ce que j'ai déjà répondu à ses précédents envoyés.

« Jamais je ne consentirai à conférer avec le roi Didier

Le roi Charles entra dans la cité à la tête de son armée victorieuse. (P. 62.)

qu'il n'ait auparavant rendu pleine et entière justice à l'Eglise romaine. »

Adrien réunit alors les guerriers de la Toscane, du duché de Pérouse et de la Campanie :

— Voyez, leur dit-il, braves et courageux fils, nobles chrétiens, enfants bénis du bienheureux Pierre, prince des apôtres, l'extrémité à laquelle est réduite l'Eglise de Dieu et les angoisses du pontife qui est votre père et le pasteur dévoué de vos âmes. L'ennemi de la sainte Eglise et le nôtre, le vôtre par conséquent, l'implacable et féroce roi des Lombards est à nos portes et a juré de vous exterminer ; jurez que vous défendrez Rome jusqu'à la mort et que vous repousserez héroïquement notre ennemi acharné. Dieu et le bienheureux Pierre sont avec nous !

— Nous le jurons ! crièrent tous les guerriers ; vive le très saint pape à jamais ! gloire à Dieu ! triomphe au bienheureux Pierre !

Le pape fit alors retirer tout le mobilier précieux des basiliques extra-urbaines de Saint-Pierre-du-Vatican et de Saint-Paul-hors-les-murs, et fermer leurs portes à l'intérieur par des armatures de fer, afin que si Didier les violait en les brisant, il encourut de ce chef l'anathème canonique.

En même temps, partirent au camp des lombards, trois nouveaux légats pontificaux. C'étaient les trois évêques, Eustratius d'Albano, André de Préneste et Théodose de Tribur.

— Que me voulez-vous encore? leur demanda Didier avec hauteur, en les voyant escortés de flambeaux allumés portés par des clercs.

Pour toute réponse, les évêques lui dirent :

— Seigneur roi, mandataires du très saint pape, au nom et par l'autorité du bienheureux Pierre, prince des apôtres, nous vous intimons de la part du très saint pontife, l'ordre de respecter la frontière romaine qui est celle du domaine

sacré du bienheureux Pierre, et si vous osez franchir sacrilègement cette frontière, sachez que l'anathème est sur votre
tête et que l'excommunication vous frappera, par le fait
même de votre violation et nominativement, vous, votre fils
Adalgise, la reine de Neustrie, veuve du prince Carloman,
et les deux princes, ses fils.

— Ainsi soit-il, dirent les clercs en éteignant et en jetant
par terre les flambeaux sacrés.

Et les évêques et leur suite reprirent le chemin de Rome.

Didier, de son côté, à l'étonnement général, rebroussa
subitement chemin.

Mais cette retraite était inexplicable, car le roi des Lombards se moquait de l'anathème pontifical et de l'excommunication canonique.

Le mystère allait bientôt être éclairci.

IV

L'heure de la justice allait enfin sonner.

Les légats apostoliques, après mille fatigues, ayant traversé toute la France, étaient arrivés auprès du roi des Francs à Thionville, où il prenait ses quartiers d'hiver.

— Quoi! s'écria le roi Charles, lorsqu'il eut entendu les plaintes et les supplications des légats, est-ce là ce que dit le roi Didier qui a fait publier partout qu'il avait restitué entièrement les domaines qu'il avait usurpés sur le patrimoine offert au bienheureux Pierre par notre glorieux Père!

— Il est vrai, seigneur, répondirent les légats, que les choses sont comme nous les avons dites et que le très saint pape n'espère plus qu'en Dieu et en votre vaillante épée.

Le roi Charles, alors, voulut essayer encore la conciliation, et il envoya une ambassade au roi des Lombards pour lui offrir quatorze mille solidi d'or s'il voulait satisfaire le pape et observer la paix.

— Quatorze mille solidi! avait dit le roi Didier presque alléché par la rondeur de la somme offerte, quatorze mille solidi....

Son avarice eut voulu les tenir, mais son obstination l'emporta.

— Laissez-moi, dit-il, je n'ai pas besoin d'or.

— C'en est trop! s'écria le roi Charles à cette nouvelle.

Aussitôt il réunit l'assemblée des Francs à Janua,[1] prit conseil de ses leudes et publia le ban de guerre contre le roi des Lombards.

Déjà, la réputation de Charles avait frappé les échos du monde, il n'était personne qui ne le connût comme le plus magnifique des rois et le plus victorieux des conquérants.

Didier savait que l'épée de Charles était jusqu'alors invaincue et passait pour invincible. Aussi, fut-il frappé de crainte, quand il apprit que Charles franchissait les Alpes à la tête de ses armées.

Le roi des Lombards courut s'enfermer dans les murs de Ticinum, et quand on annonça l'arrivée du terrible conquérant, Didier et le comte Autchaire, le leude austrasien qui accompagnait la veuve de Carloman, montèrent sur une tour d'où la vue s'étendait au loin dans la campagne.

Bientôt parurent à l'horizon les machines de guerre, pressées et en tel nombre, que jamais Darius et César n'en avaient tant traîné après eux.

— Voilà, s'écria Didier, voilà le roi Charles au milieu de ses mouvantes forteresses!

— Non, répondit le comte, ce n'est pas lui.

Derrière les machines de guerre, parurent alors des multitudes innombrables de guerriers, réunies des points les plus extrêmes des Gaules.

— Cette fois, dit le roi des Lombards, voici le roi Charles qui s'avance au milieu de son armée.

— Non, non! s'écria Autchaire, vous vous trompez, ce n'est pas encore lui.

____

(1) Genève.

— Hélas! hélas! s'écria Didier en tremblant, qu'allons-nous devenir, si ce n'est là que son avant-garde! Quand donc le roi Charles paraîtra-t-il?

— Quand Charles paraîtra, dit le comte franc, je n'aurai pas besoin de vous le montrer, sa présence se révèlera à vous d'elle-même. Quant à nous, notre sort est aux mains seules de Dieu.

Comme il parlait encore, parurent les jeunes cavaliers de l'école palatine qui enveloppèrent d'un cercle immense toute la plaine dans un imposant mouvement stratégique.

— Voilà Charles, cette fois, dit Didier, il déploie avec orgueil son imposante cavalerie.

— Non, répondit Autchaire, ce n'est pas encore lui!

Derrière les cavaliers palatins, s'avançait le cortège des évêques, abbés, clercs et chapelains, formant avec les comtes une masse compacte.

En les voyant, le roi Didier frissonna, pâlissant comme devant un présage de mort.

Tout à coup, il éclata en sanglots.

— Fuyons! s'écria-t-il, descendons de cette tour, courons nous enfermer dans les entrailles de la terre; dérobons-nous à la vue de ce roi terrible!

Mais Autchaire le retint et lui dit :

— Je connais la composition de l'escorte de Charles et ce n'est pas encore lui.

— Quand donc paraîtra-t-il? demanda le roi lombard avec angoisse.

— Quand toute la plaine sera semblable à une moisson serrée de lances, quand le Tessin et le Pô disparaîtront sous les barques chargées de soldats, quand une inondation de fer enveloppera les murs de la ville, alors, Charles apparaîtra.

Comme il parlait, les montagnes, au nord et à l'occident, semblèrent se couvrir d'une sombre nuée qui se développait circulairement, obscurcissant la lumière du jour par des tourbillons de poussière noire qui semblait soulevée par un souffle d'orage.

Peu à peu cette poussière tomba comme déchirée par les éclairs que lançaient au soleil les armes étincelantes des guerriers.

Alors, parut le roi Charles tout vêtu de fer. Son casque était de fer; les brassards, les gantelets, la cuirasse qui protégeait ses larges épaules et couvrait sa large poitrine, étaient de fer.

Tandis que les autres guerriers avaient des jambières attachées par des courroies de cuir, celles de Charles étaient articulées d'une seule pièce de fer. Ses bottines comme celles de toute l'armée, étaient de fer; son bouclier, sans aucun insigne, était de fer; son cheval lui-même semblait tout en fer.

A ses côtés, en avant, en arrière, toute l'escorte qui l'environnait, était vêtue de fer.

Les collines et les plaines n'étaient plus couvertes que de fer étincelant aux rayons du soleil.

Le peuple, massé sur les remparts de la cité, poussait des cris de terreur à la vue de ces vagues de fer qui allaient battre ses murailles.

Et il s'écriait :

— Que de fer! que de fer! hélas! toujours du fer! rien que du fer!

— Voilà, dit alors le comte Autchaire au roi Didier, ce roi Charles que vous attendez depuis si longtemps!

Le roi Didier ne l'entendait plus, il était tombé évanoui dans ses bras.

. . . .

L'armée des Francs avait pris ses positions devant la ville soigneusement fermée.

— Montrons au peuple italien, dit alors Charles, ce que nous savons faire. Nous ne pouvons entrer dans la ville pour y prier dans une église, construisons ici un oratoire pour invoquer le Dieu des armées.

A peine avait-il donné cet ordre, que, de toutes parts, la pierre, la chaux, le bois furent apportés aux architectes qui le suivaient partout dans ses expéditions guerrières.

De main en main, les soldats passaient les matériaux aux travailleurs.

Avant la fin de ce jour, une basilique avec ses murs, ses toits, ses lambris sculptés et décorés de peintures était achevée. Quiconque n'aurait pas vu de ses yeux cette construction improvisée eût juré qu'un pareil travail avait dû exiger une année entière.[1]

Lorsque le roi Didier eut été témoin de ce terrifiant spectacle, il se hâta de faire partir pour Vérone la veuve de Carloman et ses fils, sous l'escorte du comte Autchaire.

Cette ville, en effet, située sur l'Adige, offrait, par ce fleuve, à la reine Gerberga, la ressource suprême de la fuite à Constantinople, par l'Adriatique, en cas de danger imminent.

Mais le roi Charles n'était pas homme à se laisser jouer par les calculs de Didier.

Laissant la direction du siège de Pavie à son oncle, le comte Bernard, il parcourut en vainqueur le bassin septentrional du Pô, s'empara des villes de Milan, Mantoue et Brescia, et, avant de paraître sous les murs de Vérone, il eut soin de bloquer le cours de l'Adige et de fermer ainsi aux fugitifs toute issue vers l'Orient.

La reine de Neustrie et ses deux fils n'osèrent entreprendre un voyage aussi périlleux et restèrent à Vérone avec le comte Autchaire.

---

(1) Le moine de Saint Gall. *Fastes de Charlemagne.* l. II, ch. **xxx.** Darras. (*Hist. de l'Eglise*). Nous laissons au pieux et enthousiaste historien tout le mérite et aussi la responsabilité de son récit.

Quelques jours après, le roi Charles recevait les clefs de la ville des mains des principaux habitants qui n'avaient pas voulu affronter les désastres certains d'un siège qui ne pouvait se terminer que par la prise de leur cité.

Mais en même temps que les clefs de Vérone, ils livraient à Charles la reine Gerberga, sa belle-sœur, et ses deux fils avec le comte Autchaire.[1]

(1) Une médaille fut frappée en mémoire de cet événement. On y voyait une femme à genoux présentant les clefs de la ville. Les historiens profanes gardent le silence sur le sort de la reine de Neustrie, de ses deux fils et du comte Autchaire, et plusieurs ont, de ce chef, cru la gloire de Charlemagne ternie par un crime.

Mais nous trouvons dans les *Actes des Saints* (t. v, mai), publiés par les Bollandistes en 1685, des renseignements sur l'un des deux jeunes princes nommé Siagrius. Il aurait pris les armes dans les rangs de l'armée de son oncle et combattu avec lui les Sarrasins, puis se serait senti appelé à la vocation religieuse en priant à Cimélia (Cimié), sur le tombeau de saint Pons, auprès duquel il aurait obtenu de son oncle l'érection d'une abbaye où il brilla de toutes les vertus. En 777, le pape Adrien le fit évêque de Nice; il eut le don des miracles et ressuscita même un jeune homme tué dans une chûte de cheval. Après dix ans d'épiscopat, il mourut en 797, le x des calendes de mai, et fut inhumé dans la basilique de son ancien monastère. Il fut plus tard canonisé. Bossuet, et Chateaubriand après lui, se sont efforcés de démontrer ce fait comme historique.

Du reste, dès 1685, on avait déjà protesté contre le doute qui pesait sur la mémoire de Charlemagne. On ignore toutefois ce qu'est devenu Pépin, second neveu de Charlemagne et frère de Siagrius et on pense qu'il a dû mourir en bas-âge.

Autchaire fut absous par Charlemagne et réintégré dans sa dignité de leude et Charlemagne maria même la sœur d'Autchaire, nommée Auda, à son célèbre neveu Roland, comme l'attestait un monument lapidaire que détruisit la Révolution. C'était le tombeau même d'Autchaire dans l'église de Meaux. Cette phrase y était inscrite en vers latins : « Roland, je vous donne en mariage ma sœur Auda comme un gage éternel de l'amitié qui nous unit, » et faisait partie d'une assez longue inscription.

Le comte Autchaire, revenu en France après l'expédition d'Italie, résolut de se faire moine et il existe, à ce propos, une curieuse légende rapportée par le bénédictin Du Plessis. Autchaire voulait entrer dans un monastère où la règle serait observée dans sa plus grande rigueur. Il fallait le trouver, et voici ce qu'il imagina :

Un jour, il vint à Meaux, déguisé en pèlerin et entra dans le chœur de l'église de Saint-Faron, où les religieux récitaient l'office divin. Il tenait caché sous son manteau un bâton autour duquel il y avait des grelots. Autchaire lança ce bâton au

Le roi Charles, au lieu de sévir contre ces rebelles qui avaient élevé leurs prétentions caduques contre le sacre dont le fait accompli l'avait rendu roi unique des Francs à la mort de Carloman son frère, accueillit avec bonté le leude infidèle jadis comblé par lui des plus grands honneurs, serra ses neveux sur son cœur et leur promit toute son affection ainsi qu'à leur mère.

Conduite magnanime bien digne d'un grand homme dont la victorieuse épée allait devenir le gouvernail du monde.

Satisfait, alors, d'être arrivé à son but et d'avoir soumis Vérone sans combat, Charles leva le camp et revint sous les murs de Pavie où Didier était toujours enfermé.

Pavie était une ville très bien fortifiée, c'était le cœur de la résistance lombarde, et c'était là que Didier espérait tenir en échec l'épée du roi des Francs derrière de fortes murailles qu'il croyait inexpugnables, et entouré d'une foule de guerriers qui lui étaient restés fidèles à la vie et à la mort.

Depuis six mois, en effet, les Francs étaient devant Pavie

---

milieu du chœur et il se produisit le bruit que l'on devine. Aucun des religieux ne leva les yeux; on eut dit que nul n'avait rien vu ni entendu. Seul, un novice, encore enfant, fut distrait, et le père abbé le punit sur-le-champ sévèrement. C'est là qu'Autchaire obtint à grand peine de Charlemagne de se faire moine.

En même temps, il y attirait un de ses amis intimes nommé Bénédict, qui prit l'habit avec lui.

On les ensevelit dans le même tombeau adossé contre la muraille du chœur de cette église. C'est de ce tombeau que nous avons parlé plus haut. Les figures d'Autchaire et de son ami y étaient sculptées de grandeur plus que naturelle en habits monastiques.

En outre, contre six des douze colonnes corinthiennes qui ornaient ce tombeau, six autres figures de pierre étaient appuyées. C'était Autchaire en habits séculiers tenant un rouleau sur lequel était tracée l'inscription dont nous avons relaté plus haut une partie, Auda, Roland, Charlemagne en double statue, et un évêque. Neuf autres figures concourent avec les précédentes à retracer l'histoire parlante de ce leude devenu moine, dans tous ses épisodes. Ce sont des figures de moines en diverses attitudes, l'une, qui représente encore Autchaire, porte le bâton à grelots. Les armes et les ossements du moine Autchaire sont conservés dans le trésor de l'église.

et n'avaient pas encore pu la réduire, parce qu'ils ne s'étaient pas munis de ces machines de siège à l'aide desquelles on battait les murailles pour détruire les maçonneries et faire des brèches aux remparts.

On était en 774 et la Semaine Sainte allait s'ouvrir. Le roi Charles résolut alors d'aller célébrer la fête de Pâques à Rome.

V

LA VILLE ÉTERNELLE.

Rome venait cependant d'être témoin d'un spectacle solennel.

Quittant les drapeaux du roi Didier, déjà plusieurs fois humiliés, une foule de soldats lombards, renonçant à servir sa mauvaise cause, étaient rentrés paisiblement dans leurs foyers.

De leur côté, les habitants de Spolète et de Riéti, délivrés de la terreur que Didier leur inspirait, étaient accourus à Rome se jeter aux pieds du pape Adrien, l'assurant de leur soumission et de leur désir de reconnaître la domination du bienheureux Pierre et de la sainte Eglise romaine.

Adrien les reçut comme ses enfants les plus chers. La basilique du bienheureux Pierre se revêtit de ses parures solennelles et, tous, du plus petit au plus grand, prosternés sur la terre sacrée qui contient dans ses flancs le tombeau des Apôtres, prêtèrent serment de fidélité à Pierre, à son vicaire Adrien et à tous ses successeurs légitimes, engageant ainsi non seulement eux-mêmes, mais toutes leurs générations futures dans les liens étroits de la fidélité.

Alors, tous se firent couper les cheveux et la barbe à la

mode romaine, marquant ainsi par ce signe extérieur, ce qu'ils étaient désormais.

— Choisissez-vous, leur dit Adrien, un duc de vos rangs et de votre nation qui vous gouvernera sous l'autorité du siège apostolique.

Aussitôt, ils tinrent conseil, et leurs suffrages choisirent le très noble Hildebrand.[1]

Le pontife ratifia ce choix et Hildebrand prit le titre de duc de Spolète.

Cet exemple de fidélité fut aussitôt contagieux, et les guerriers de Fermo, d'Osimo et d'Ancône vinrent également jurer fidélité au pape et à ses successeurs.

Cependant, une grande nouvelle émut à Rome et fit bondir de joie tous les cœurs.

Des courriers étaient arrivés, annonçant que le roi Charles avec une brillante suite d'évêques, d'abbés, de juges, de duc et de comtes, s'avançait vers la ville éternelle, à marches forcées.

Déjà il franchissait les derniers territoires de la Toscane.

— Bénis soient Notre-Seigneur Jésus-Christ et le bienheureux Pierre, prince des apôtres, s'écria Adrien à cette nouvelle, car c'est eux qui ont suscité notre salut!

Aussitôt, le pape, enivré d'une joie indescriptible, assembla l'armée romaine tout entière et l'envoya à la rencontre du héros.

Bannières déployées, l'armée s'avança jusqu'à trente milles de Rome, à Novi.

Cependant, un autre cortège se formait à Rome même, pour aller, lui aussi, à la rencontre du sauveur de l'Italie et de l'Eglise.

---

(1) Qui, plus tard, entrera dans la conspiration des ducs lombards contre Charlemagne et le pape, conspiration dont il sera l'âme. L'étonnement se partage entre la magnanime bonne foi des papes et l'implacable duplicité des Lombards.

C'était, dirigés par leurs maîtres, tous les enfants des écoles de la ville éternelle, tenant à la main des palmes et des rameaux d'olivier et chantant des hymnes de joie et de triomphe.

A leur suite marchaient des clercs, portant les croix processionnelles et conduisant le clergé et les fidèles des diverses paroisses de Rome, comme cela se pratiquait aux réceptions officielles des patrices.

Arrivé à un mille de Rome, le cortège rencontra l'armée qui revenait, escortant en triomphe le roi des Francs et sa brillante suite.

A l'aspect des croix, Charles commanda l'arrêt. Il descendit de cheval et toute son escorte l'imita.

Ce fut à pied que fut fait le reste du chemin.

Cependant, entouré de son sénat sacerdotal, en haut du portique de Saint-Pierre au vatican, le pape Adrien, en habits pontificaux, attendait le libérateur glorieux du trône apostolique.

A cette vue, Charles, ayant traversé les rangs de son illustre cortège, s'agenouilla au bas des degrés de la basilique et monta à genoux, en les baisant l'une après l'autre, les marches de ce calvaire et de ce thabor glorieux.

Quand il fut arrivé près du pape, il se releva, et le pontife apostolique et le roi très chrétien se saluèrent et s'embrassèrent.

Alors, se tenant par la main, le pape et le roi entrèrent côte à côte dans la basilique vénérable, suivis des évêques, des abbés, des juges, des ducs et des comtes Francs, tandis que, rompant le silence un instant saisissant imposé par le spectacle de cette salutation et de cette accolade grandioses, la foule entière chanta d'une voix formidable comme l'hymne des grandes eaux, les paroles de la pure espérance et de l'évangélique consolation :

Benedictus qui venit in nomine Domini!

Béni soit celui qui vient au nom du Seigneur !

Le pape et le roi arrivèrent ainsi à la Confession glorieuse de saint Pierre, et là. ils se prosternèrent, imités par toute la suite des seigneurs et du clergé Francs.

— Que Dieu soit éternellement loué! s'écria Charles, c'est à l'intercession puissante du glorieux Pierre, prince des apôtres, que nous devons toutes nos victoires sur les Lombards.

— Vive Pierre éternellement! gloire à Dieu par Jésus-Christ! s'écrièrent mille voix en chœur, c'est à Pierre que nous devons la victoire!

On était au Samedi Saint.

Le pape et le roi se jurèrent mutuellement alliance et fidélité sur le tombeau du prince des apôtres, puis, le cortège se reforma et ils sortirent de la basilique constantinienne du Vatican pour faire leur entrée solennelle dans Rome.

Le cortège les accompagna jusqu'à la basilique patriarcale du Sauveur, au Latran, où le pape Adrien et le roi Charles passèrent toute la journée du Samedi Saint en conférence intime.

Quand la nuit commença à étendre ses voiles sur la ville, ils se séparèrent; le roi des Francs retourna dans les appartements qui lui avaient été préparés à la basilique vaticane,[1] tandis que le pape s'apprêtait à présider la cérémonie solennelle du baptême des catéchumènes qui se faisait coutumièrement et solennellement dans la sainte vigile de Pâques.

---

(1) Les basiliques comportaient alors parmi leurs bâtiments des logements nombreux pour les prêtres et les hôtes. C'était un usage antique et préchrétien. Nous voyons, en effet, que le temple de Jérusalem était ainsi aménagé et, chez les païens, les plus célèbres temples étaient de véritables cités contenant de nombreux habitants. Il en est actuellement de même en Chine et aux Indes pour les pagodes.

Nous n'avons plus maintenant que des églises bien séparées des habitations privées.

L'aube du jour de la Résurrection avait à peine paru dans le ciel qu'une imposante procession sortait des murs de Rome, se dirigeant vers la colline et la basilique du Vatican.

C'était le pontife qui, accompagné des magistrats et de la milice romaine, venait chercher le roi Charles pour le conduire solennellement avec tous les Francs à la basilique de Sainte-Marie *ad-Proesepe*.

Là, le pape Adrien célébra pontificalement la messe. Puis, le pape et le roi se rendirent au Latran où un festin leur avait été préparé.

Ils mangèrent ensemble; le lendemain, la même cérémonie eut lieu à Saint-Pierre et le surlendemain à la basilique de Saint-Paul-hors-les-murs.

Enfin, le mercredi de Pâques, le pape Adrien suivi des juges, du clergé et de la milice romaine, se rendit à la basilique vaticane pour y conférer avec le roi.

— Très illustre et puissant roi, dit le pape, lorsqu'il eut pris place à côté de Charles, votre sérénité se souvient certainement de la promesse de donation que, jadis, à Carisiacum,[1] votre très auguste père, le seigneur et glorieux roi Pépin de sainte mémoire, a signée conjointement avec vous-même et votre illustre frère Carloman, ainsi que tous les leudes et juges francs en faveur du bienheureux Pierre et de son vicaire de sainte mémoire, notre pieux prédécesseur, le seigneur pape Etienne, pendant qu'il était dans les Gaules.

« Dans cet acte de donation étaient énumérées les diverses cités et provinces d'Italie dont le roi Pépin faisait à perpétuité concession au siège apostolique. »

— Que votre béatitude, répondit Charles, daigne me montrer cette charte.

(1) Quiercy-sur-Oise. Voir le xxe vol. de ces Fastes.

Le pontife la lui fit remettre aussitôt par le notaire apostolique qui l'avait apportée.

Charles prit la charte et ordonna qu'on la lut à haute voix devant tous.

Quand fut finie cette lecture que chacun avait écoutée avec un religieux silence, le roi des Francs prit la parole.

— Quant à nous, personnellement, dit-il, nous reconnaissons et approuvons chacun des articles de cet acte que nous avons signé jadis.

Et, s'adressant aux Francs de tout ordre qui étaient présents, il leur demanda leur avis.

Tous approuvèrent hautement et unanimement comme il venait de le faire lui-même.

Appelant alors son chapelain et notaire, le religieux et prudent Ithier, le roi Charles l'invita à dresser aussitôt, dans la forme du premier diplôme, une seconde promesse de donation.

Les concessions déjà faites au bienheureux Pierre dans la charte de Carisiacum y étaient confirmées tout d'abord, puis on y énuméra le détail des concessions, la cité maritime de Luna avec l'île de Corse, les domaines de Sava, du mont Bardo, de Vercetum, de Parme, de Reggio, de Mantou et Monte-Silice; tout l'exarchat de Ravenne dans son ancienne composition, les provinces de Venise, l'Istrie, le duché de Spolète et celui de Bénévent.

Alors, le roi très chrétien y apposa de sa main sa signature.[1]

(1) D'après de graves historiens au nombre desquels s'est rangé Fleury, Charlemagne n'aurait pas su écrire! Et l'on convient cependant, qu'il était un des hommes les plus savants de son temps et qu'il organisa l'instruction dans son royaume. Le savant paléographe Mabillon a fait justice de cette calomnie en découvrant et en faisant connaître des ouvrages en vers et en proses composés par Charlemagne, et des diplômes au bas desquels se trouvent ses signatures très élégamment tracées. D'ailleurs, le *Liber pontificalis* auquel nous nous référons, sous les auspices de

Arrivés en face du trône, ils fléchissaient le genou devant le monarque.
(P. 63.)

Après lui signèrent tous les évêques, abbés, ducs et comtes de sa suite.

Ce fut le maître-autel de la basilique de Saint-Pierre qui servit de table à écrire, après quoi le diplôme scellé fut descendu dans la Confession[1] et placé sur le tombeau même du prince des apôtres.

Darras, indique en propres termes qu'il signa la donation présentement indiquée, de sa propre main.

(1) Rappelons ici que la Confession de saint Pierre dont il est si souvent parlé dans l'histoire de l'Eglise, est proprement le tombeau même de saint Pierre, et les siècles ont toujours entouré ce lieu d'une vénération profonde comme le vrai palladium de la Rome chrétienne et de la catholicité tout entière.

La *confession* d'un martyr fut d'abord le lieu même de sa sépulture, puis l'autel bâti au-dessus en forme de sarcophage. Souvent on construisait au-dessus de cet autel un *ciborium* ou baldaquin, souvenir, sans doute, de *l'arcosolium* primitif ou arcade qui encadrait aux catacombes les principales *confessions*.

La plus célèbre *confession*, la plus antique et la plus vénérable est celle de Saint-Pierre au Vatican. On sait que le corps de saint Pierre fut inhumé dans la catacombe du Vatican. Nous avons par saint Grégoire de Tours (*De gloria martyrum*, I, 28), la description de la Confession de saint Pierre telle qu'elle était alors avant que les papes Adrien Ier et Léon III aient commencé, sous le règne de Charlemagne à la transformer. Le tombeau était placé sous un autel orné de quatre colonnes d'argent qui supportaient un *ciborium*. Cet autel était entouré d'une grille qui s'ouvrait pour ceux qui allaient y prier. Ils se plaçaient à une petite fenêtre pratiquée au-dessus du tombeau et nommée *jugulum* et là demandaient les faveurs dont ils avaient besoin.

Ils faisaient ensuite descendre un linge *palliolum*, qui, auparavant avait été pesé dans une balance. Ensuite ils jeûnaient et priaient jusqu'à ce qu'ils connussent qu'ils étaient exaucés et ils le connaissaient au poids que le *palliolum* prenait dans son séjour sur la relique. (Martigny, *Antiq. ecclésiastique*.) Cette Confession primitive était due au pape S. Anaclet.

Actuellement le corps de Saint Pierre repose sous l'autel papal surmonté du baldaquin de bronze édifié par Urbain VIII en 1626, et composé du métal qui formait la voûte du Panthéon d'Agrippa. (Sainte Marie de la rotonde). Les restes de saint Pierre enfermés dans une tombe de bronze sont au fond d'un puits profond de six pieds correspondant à l'étage inférieur de la catacombe vaticane. Pendant tout le moyen âge, on put voir par l'orifice ouvert de ce puits, la croix d'or posée par Constantin sur la tombe. Clément VIII le ferma en 1615 par une dalle de bronze fermant à clef et qui ne fut ouverte depuis qu'une seule fois par Grégoire XVI en faveur de l'Empereur de Russie Nicolas Ier. Un double escalier de 17 marches conduit à la

Puis, le roi Charles et tous les Francs s'engagèrent solennellement et par serment vis-à-vis du bienheureux Pierre et de son vicaire à observer toute la teneur de cette charte.

Une copie authentique du diplôme fut aussi rédigée par Ithier, et le roi Charles voulut qu'elle fut placée dans l'évangéliaire que l'on fait baiser aux pèlerins sur la Confession même, afin d'y servir de témoin et de monument perpétuel de la gloire de Charles et des Francs.

D'autres copies furent également faites par ses scriniaires pour être emportées dans le royaume des Francs.

Le roi Charles, alors, songea à quitter Rome pour aller reprendre le siège de Pavie avec sa vaillante armée qu'il avait laissée aux portes de cette cité, dernière citadelle du roi des Lombards.[1]

Charles avait-il pressenti que l'alliance entre l'Eglise catholique et le royaume des Francs allait régénérer l'Europe occidentale?

Déjà, de vastes plans de législation se formaient dans sa tête, et il concevait le désir de faire triompher le principe chrétien dans le monde soumis à son sceptre, non par la force du glaive, mais par cette force souveraine et bien plus puissante qui s'appelle l'instruction, pivot de l'éducation, des mœurs et des lois.

Il pria donc le pape de lui donner une copie des canons de l'Eglise romaine selon le texte rédigé jadis par Denys le Petit.

Confession devant laquelle brûlent jour et nuit cent dix-sept lampes de bronze doré. La Confession actuelle est l'œuvre de Charles Maderne et Martin Féraboschi (1615).

(1) Une médaille représentant le pape et le roi tenant chacun d'une main le le livre des Evangiles posé sur un autel, a été frappée pour commémorer cette entrevue d'Adrien et de Charlemagne. On y lit cette inscription : *Tecum sicut cum Petro, tecum sicut cum Gallia.* — Avec toi comme avec Pierre, avec toi comme avec la Gaule. — Et cet exergue : *Sacrum Fœdus.* — Sainte Alliance. (Darras).

Il pensait qu'il trouverait là la base des institutions législatives qu'il voulait élaborer.

Adrien s'empressa d'offrir au héros chrétien un exemplaire de cette collection dont la première partie contenait les canons des conciles, la seconde, les décrétales des papes jusqu'à saint Grégoire-le-Grand.[1]

De sa main, le pape écrivit sur le premier feuillet une longue dédicace en vers acrostiches. Les premières lettres de chacun des vers, réunis ensemble formaient la phrase suivante :

Domino excellentissimo filio Carolo magno regi, Adrianus papa.

« A notre très excellent fils le seigneur roi Charles-le-Grand, Adrien pape. »

Et elle était conçue en ces termes prophétiques :

« D'un père illustre, est né un fils qui surpasse la gloire paternelle. Le roi défenseur de l'Eglise, le roi à qui le Christ et les clefs du bienheureux Pierre ouvrent les portes de la victoire, a paru de nos jours ; il soumettra à son empire toutes les races encore barbares.

» Servir Dieu, faire régner sa loi, garder intègre la foi catholique, protéger la sainteté et la justice, telle est la volonté du roi Charles toujours victorieux.

» Le siège apostolique l'a vu dans sa splendeur ; le héros y venait puiser au fleuve de la doctrine et de la vérité. Il a pris les armes pour écraser l'orgueil des nations ennemies ; il a rendu à l'Eglise sa mère, ses anciens patrimoines usurpés ; il y a joint de grandes cités, des provinces entières, de nombreux châteaux-forts.

» Avec quels transports d'allégresse le vit-on, après une course rapide, aborder au tombeau des apôtres ! On admirait

---

(1) Nous possédons encore cette collection telle que le pape Adrien l'offrit à Charlemagne. (Darras.)

sa taille élevée, la noblesse de ses traits, la majesté de sa personne, sa puissante main tenant le sceptre de tant de royaumes, et tout le peuple chantait des hymnes de triomphe.

» Lui, pourtant, humble parmi ces ovations, il suppliait le pontife d'intercéder auprès de Dieu pour obtenir le pardon des fautes de sa jeunesse ; il répondait aux acclamations populaires en jurant de protéger toujours l'Eglise romaine, de garantir contre toute attaque les patrimoines du bienheureux Pierre, son patron céleste ; enfin, il déposait sur l'autel de la Confession, l'acte de sa donation et de son serment.

» Le pontife du Christ, le pape Adrien, lui a promis la victoire. Par l'intercession des apôtres Pierre et Paul, la droite de Dieu bénira vos armes ; vous entrerez triomphant dans les murs de Pavie ; vous courberez sous votre joug la tête superbe de Didier ; vous mettrez fin à la domination des Lombards dont le royaume deviendra le vôtre.

» Alors, vous accomplirez les promesses faites au prince des apôtres ; la victoire de la veille se continuera dans les triomphes du lendemain ; vous régnerez avec gloire, votre nom sera béni dans tous les siècles et votre royaume prospérera tant qu'il restera fidèle à la loi divine et aux enseignements de la sainte Eglise.[1] »

Jadis un autre pontife à l'aurore d'une autre monarchie avait fait entendre de semblables paroles. Remi avait fait la même prophétie à Clovis et, comme le ciel avait ratifié la prophétie de Rémi, le ciel devait ratifier celle d'Adrien.

Le pape et le roi s'embrassèrent et Charles quitta la ville éternelle, sentant battre sous sa lourde et froide cuirasse, le double cœur ardent de toute une société nouvelle.

---

(1) Adrien, *Ep. métrique à Charles, roi. Patr. lat.*, t. xcvi. (Trad. de Darras.)

VI

A peine arrivé sous les murs de Pavie où son armée
enthousiaste avait acclamé son retour, le roi Charles vit
venir à lui un courrier porteur d'un message apostolique.

C'était le pape Adrien qui avait écrit cette lettre.

Charles rompit les sceaux et lut :

« Ayez confiance, très chrétien et grand roi, bon et très
excellent fils, croyez fermement à ma parole. Tant que vous
resterez fidèles à vos promesses envers le prince des apôtres,
tant que vous travaillerez dans ce but, le Dieu tout-puissant
vous sera en aide et couronnera vos efforts par d'éclatantes
victoires.

» Il nous est témoin, ce grand Dieu, que, depuis le jour
où vous êtes sorti de Rome, à tous les instants, à chaque
heure, tous nos prêtres, tous les moines, tous les religieux
et servantes, dans tous les monastères, et enfin le peuple
fidèle de chaque titre paroissial et de chaque diaconie, ne
cessent d'invoquer pour vous le secours divin et de chanter
le *Kyrie eleïson*.

» Humblement prosternés, tous ensemble, nous supplions
le très miséricordieux Sauveur de vous accorder la rémission

de vos fautes, la joie du triomphe et les victoires qui mettent à vos pieds toutes les nations barbares.[1] »

Le pape, en même temps, invitait le roi Charles à renvoyer dans leurs diocèses les évêques qui étaient à son camp, tant Francs qu'Italiens, affirmant que le premier et le plus important devoir d'un évêque est de résider au milieu de son troupeau.

Cependant, les Francs donnèrent l'assaut à la ville de Pavie dans laquelle Didier et le vieux duc d'Aquitaine, Hunald, son allié, s'étaient renfermés, prêts à une résistance héroïque.

Et la ville était si bien fortifiée, si bien défendue que, peut-être, elle eut pu résister longtemps encore aux efforts des Francs sans cet auxiliaire farouche des assiégeants, qui s'appelle la famine.

Le courage des Lombards avait donné tout ce qu'il pouvait donner, toutes les ruses et toutes les industries avaient été employées et étaient épuisées, le siège durait toujours, la ville, cernée par des troupes toujours fraîches et disposées, n'avait plus de pain.

Didier et Hunald étaient résolus à mourir. Mais le peuple ne pensait pas de même, le peuple voulait vivre.

L'émeute gronda dans la cité, et le peuple soulevé s'étant emparé du duc Hunald, le tua à coups de pierres et traîna son cadavre mutilé par les rues de la ville et devant le palais du roi.

Abandonné de tous, Didier se vit alors forcé de capituler, et il résolut de se rendre.

On parlementa et les portes de la ville furent ouvertes. Alors, le roi Charles entra dans la cité à la tête de son armée victorieuse et vint s'asseoir sur le trône du roi des Lombards qui déposa à ses pieds vainqueurs son sceptre et sa couronne.[2]

---

(1) *Codex Carolinus*, LI, *Patr. lat.*

(2) Une médaille fut frappée à cette occasion. On la possède encore. On y voit

On était au mois de juin de l'année 774.

Aussitôt le palais royal fut envahi par la foule des délégués des provinces italiennes obéissant à la domination lombarde ; ils se pressaient aux portes, avides de pénétrer dans
la salle du trône pour prêter serment de fidélité au roi des
Francs.

On les introduisait individuellement ou par groupes,
selon leur importance et, arrivés en face du trône, ils fléchissaient le genou devant le monarque.

Cependant, les gardes avaient amené de force devant le
trône un homme vêtu d'habits ecclésiastiques et qui refusait
obstinément tout hommage.

Loin de se prosterner comme les autres, il restait droit
et fier, regardant en face ce terrible prince assis sur le trône
de Didier, vaincu et dépouillé.

— Qui es-tu ? lui dit Charles, et d'où vient ton refus de
me rendre hommage comme tu le dois ?

— Je suis le diacre Paul,[1] d'Aquilée, fils de Warnefrid
et chancelier du roi Didier, répondit-il ; c'est moi qui écris
au jour le jour la glorieuse histoire de mon roi et de son
peuple. Ma conscience ne dépend pas des événements, Didier
est toujours mon maître et je dois lui rester fidèle.

Un violent murmure s'éleva autour du trône parmi les
leudes du roi Charles.

— Il faut couper les deux poings et la langue à cet auda-
cieux rebelle ! s'écrièrent-ils.

— Non, non ! s'écria Charles, si nous coupions les mains
à Paul Warnefrid, comment ferions-nous pour lui faire écrire
notre histoire, et quel autre trouverions-nous à sa place ?

Didier et la reine Ansa déposant le sceptre et la couronne aux pieds de Charlemagne
avec cette inscription : *Devicto Desiderio et Papia recepta.* Défaite de Didier et
remise de Pavie, et la date : DCCLXXIV.

(1) C'était l'historien Paul Diacre qui devait devenir plus tard l'ami et le com-
mensal de Charlemagne et partager la gloire d'Alcuin.

Et s'adressant au diacre :

— Homme estimable, lui dit-il, sujet héroïque et fidèle, tu es libre, retire-toi dans le silence; médite sur la raison des vicissitudes humaines, et quand ton cœur sera calme, suis le conseil qu'il te donnera et viens trouver le roi Charles.

Le diacre se retira alors au monastère du Mont-Cassin, résolu à ensevelir sa douleur patriotique dans le calme tombeau du cloître.

Mais l'estime de Charles et les bienfaits du roi des Francs l'y poursuivirent. Charles-le-Grand qui se connaissait en hommes voulait attirer cet homme dans l'orbite de la gloire.

Paul Diacre répondit à ces avances par des larmes où se mêlaient sa douleur et sa reconnaissance :

« Grand roi, lui dit-il, écoutez favorablement la parole de votre serviteur et pardonnez-lui les pleurs qu'il ne craint pas de verser devant vous.

» Je suis malheureux autant qu'homme puisse l'être en ce monde; la douleur est mon pain quotidien.

» Parmi les captifs que vous avez emmenés d'Italie, j'ai un frère qui traîne son indigence sur la terre des Gaules. Sa femme, restée à Pavie, implore la charité de ceux qu'elle soulageait autrefois, pour en obtenir sa triste nourriture et celle de quatre malheureux enfants. J'ai une sœur qui, dès ses premières années, se consacra au service de Jésus-Christ; aujourd'hui sans asile, dénuée de tout, elle a tant pleuré que ses yeux sont presque éteints !

» Nul secours! noblesse, fortune, tout a sombré! Il ne nous reste plus que la dure indigence. Hélas! pécheurs que nous sommes, nous méritons pis encore, je l'avoue, mais, puissant roi, ayez pitié de nous et mettez un terme à nos maux.

» Rendez un captif à sa patrie, aux champs de ses aïeux; rendez à toute une famille le bonheur évanoui, et nos cœurs reconnaissants imploreront pour vous la bénédiction du

Christ, seul rémunérateur assez puissant pour payer vos bienfaits ! [1] »

Le roi des Francs, heureux de s'attacher un tel homme, brisa les fers du prisonnier, rendit à sa famille tous les biens perdus et trouva dans le diacre Paul. une des plus savantes lumières de l'école palatine.

La monarchie lombarde qui avait duré deux cent six ans, rendit son dernier soupir à Modoïtia, [2] lorsque l'archevêque de Mediolanum posa solennellement sur la tête de Charles-le-Grand la célèbre couronne de fer, palladium du trône écroulé.

Charlemagne allait mettre la dernière main à la nouvelle organisation du royaume d'Italie, lorsqu'une révolte des Saxons le rappela dans les Gaules, et il se hâta de regagner les bords du Rhin, laissant sur la terre italienne, brusquement et radicalement remuée, des ferments de haine et de colère qui allaient travailler dans l'ombre à galvaniser le cadavre encore chaud d'une puissance à jamais disparue dans le gouffre où tombent les royaumes du monde et où s'abîment les empires, quand l'heure est sonnée de leur suprême agonie.

Le vainqueur avait traité miséricordieusement les vaincus. Le roi Didier, la reine Ansa et leur fille n'eurent qu'à se louer de sa clémence.

Charles confia Didier, non comme prisonnier mais comme hôte à l'évêque de Liège, Agelfrid.

Didier reçut dans son palais une royale hospitalité, et plus tard, le désir lui étant venu d'embrasser la vie monastique, il se retira dans le célèbre monastère de Corbie. [3]

---

(1) Paul Diacre, *Poésies, chant VIII, Patr. lat.,* t. xcv. Trad. de Darras.)

(2) Monza.

(3) Dans la Somme. Il ne reste de cette abbaye qu'une partie de l'Eglise qui sert actuellement de paroisse. Mais cette église se distingue par une façade magnifique formée de deux tours superbes qui, vues sous un certain angle, de la ligne du chemin de fer, font penser à Notre-Dame de Paris échouée en pleine campagne.

Il devait là, terminer sa vie dans les exercices de la plus austère pénitence, expiant ainsi les fautes de sa jeunesse et ses sacrilèges attentats contre le Saint-Siège.

Un monastère reçut aussi la reine Ansa et sa fille qui ne rentrèrent plus dans le monde et consacrèrent le reste de leurs jours à Dieu.

DEUXIÈME PARTIE

L'ÉPÉE GLORIEUSE

I

ALCUIN ET CHARLEMAGNE.

Le roi Charles sortait de son palais d'Aix-la-Chapelle, entouré de ses leudes et de plusieurs évêques, lorsque son attention fut attirée par une foule entourant des étrangers venus du pays des Scots[1] pour faire du commerce dans les Gaules.

Un certain nombre d'entre eux, étalant des marchandises diverses, les offraient aux passants en débitant force réclames.

Mais deux d'entre eux, les mains vides et n'ayant aucun objet à vendre, s'étaient placés à la porte même du palais du roi, et ce n'était pas eux qui faisaient la moindre réclame.

S'adressant à la foule, ils criaient :

— S'il en est parmi vous qui veuillent acquérir la science, qu'ils viennent à nous et nous les instruirons.

Charles s'étant approché et les ayant entendus, leur dit :

____

(1) Irlande.

— Vous croyez donc posséder quelque sagesse et quelque instruction?

Les deux étrangers répondirent aussitôt :

— Seigneur, nous sommes savants et nous n'acceptons que des élèves bien disposés pour partager avec eux notre trésor intellectuel.

— C'est juste, dit Charles. Comment vous nommez-vous?

— Je me nomme Clément, dit l'un d'eux, et je connais à fond la langue grecque; mon compagnon est le moine Dungal, le plus savant astronome d'Hibernie. Nous savons que vous protégez les lettres et les sciences, et nous ne pouvions venir sur des terres plus hospitalières que les vôtres.[1]

— Vous avez bien fait, dit Charles.

Et, s'adressant à l'un de ses chanceliers, il ordonna que les deux étrangers fussent installés comme professeurs dans l'école palatine.[2]

L'Europe entière savait, en effet, que le grand roi attirait en France les hommes illustres de toutes les nations, et tout savant rêvait de venir à la fois briller et s'éblouir à sa cour.

Alors, il y avait à York une école épiscopale qui rivalisait de gloire avec celle de Cantorbéry.

Elle devait son illustration à deux disciples du vénérable Bède,[3] l'archevêque Egbert, puis son frère et successeur Aelbert.

Dans cette école, un jeune homme qui devait, plus tard, être sous le nom d'Alcuin un des plus illustres hommes de son temps, avait cueilli les premiers fruits de la science.

Dès son jeune âge, il se distinguait par une vive piété et une grande ardeur pour l'étude.

---

(1) On a découvert, en effet, il y a quelques années, une grammaire grecque de ce Clément.

(2) Le moine de Saint-Gall, *Vie de Charlemagne*, l. i, ch. iii.

(3) Le vénérable Bède était le génie le plus encyclopédique de son temps, comme l'avait été S. Isidore de Séville et, bien avant eux, Origène.

Mais la littérature sacrée avait alors le pas sur la littérature profane [1] et c'était un réel blâme que ses professeurs lui infligeaient, lorsqu'à l'âge de onze ans, ils lui reprochaient de préférer la lecture de Virgile à celle des psaumes.

« Le savant Aelbert, [2] directeur de ces études mises en honneur par le vénérable Bède, abreuvait l'esprit avide de ses écoliers à toutes les sources de la science.

» Aux uns, il enseignait les règles de la grammaire; il faisait couler pour les autres les flots de la rhétorique; il formait ceux-ci aux luttes du barreau, ceux-là aux chants des poètes anciens. Il leur apprenait à faire résonner la flûte de Castalie, à frapper d'un pied lyrique les sommets du Parnasse.

» Il expliquait le mécanisme des cieux, celui des éclipses du soleil et de la lune, les cinq zones du pôle, les sept étoiles errantes, [3] les lois des astres, leur lever et leur coucher, les mouvements violents de la mer, les tremblements de terre,

(1) L'Eglise possédait alors un fonds immense de littérature nouvelle qu'elle avait créée de toutes pièces. Les peres grecs et latins étaient préférés par le goût de l'époque et la direction nouvelle des études à toute la littérature antique, dite profane, frappée, d'ailleurs, d'ostracisme par les autorités ecclésiastiques. Toutefois, les bibliothèques des monastères étaient riches en manuscrits de tout genre, contenant les chefs-d'œuvre de cette littérature ancienne.

C'est à cette préférence de la littérature sacrée que nous devons la perte de tant de chefs-d'œuvre. Le parchemin était rare et, pour copier les ouvrages sacrées, on se mit à gratter et à effacer l'écriture des ouvrages profanes. C'est là l'origine des « palimpsestes. » Des savants, de notre époque, ont pris à tâche de retrouver sous ces mutilations volontaires, les écritures antiques en effaçant, à leur tour, ce qu'on avait écrit par-dessus et en faisant revivre l'ancienne écriture disparue. C'est à ce travail moderne que nous devons d'avoir retrouvé la *République* de Cicéron, et la gloire en revient à l'abbé Angelo Maï, bibliothécaire du Vatican. L'abbé Peyron de Turin a retrouvé ainsi des discours de Cicéron. Après eux, d'autres savants ont continué ces travaux qui ont rendu au jour bien des trésors perdus.

(2) Dit Alcuin dans son poème sur *les évéques d'York.*

(3) Les planètes; errantes par rapport au reste des astres dont la distance donne l'illusion de l'immobilité.

l'histoire naturelle de l'homme, des animaux domestiques, des oiseaux et des bêtes féroces, les diverses combinaisons des nombres et leurs formes variées.

» Il enseignait à calculer d'une manière certaine, le retour annuel de la Pâque; mais, surtout, il leur découvrait les mystères des saintes Ecritures et les faisait pénétrer dans les profondeurs de l'ancienne Loi. »

Cependant, le jeune Albinus[1] était arrivé à l'âge d'homme et Aelbert l'avait emmené avec lui faire le pèlerinage de Rome, non seulement dans un but de piété, mais aussi pour tâcher d'augmenter le trésor de la bibliothèque d'York par l'achat de nouveaux manuscrits.

Ils eurent l'occasion de traverser l'Alsace et même de s'arrêter quelques jours dans le monastère de Murbach.

Ce fut en ce temps-là qu'Albinus eut avec Charlemagne sa première entrevue.

Toutefois, il revint à York avec Aelbert qui, en devenant archevêque de cette ville, lui remit la direction de son école et de sa bibliothèque.

Et cette bibliothèque était un véritable trésor, comme le disait Albinus lui-même :

« Là, vous trouvez toutes les œuvres des anciens pères, les chefs-d'œuvre du génie romain, tout ce que la Grèce illustre a légué au Latium, toutes les pluies divines qui apaisèrent la soif du peuple hébreu, toutes les lumières resplendissantes qui ont brillé sur le sol africain ou sous le ciel de l'Italie; Jérôme, Hilaire, Ambroise, Athanase, Orose, Grégoire-le-Grand, Léon; la parole éclatante de Basile et de Fulgence; Cassiodore, Jean Chrysostôme; les doctrines d'Athelin, du vénérable maître Bède, de Victorinus et de Boèce; les anciens historiens; Pompée, Pline, le profond Aristote et Cicéron, le grand orateur; les chants de Sedulius,

(1) Alcuin est une corruption du vrai nom Albinus.

Juveneus, Alcime, Clément, Prosper, Paulin Arator, Fortunat, Lactance, Virgile, Stace, Lucain; les maîtres de grammaire, Probus, Phocas, Donat, Priscien, Servius, Euticius, Pompée, Comminien et une multitude d'autres génies, illustres par la science, l'éloquence ou la poésie dont la liste serait démesurée.[1] »

Souvent Albinus venait visiter et consulter son ancien maître l'archevêque Aelbert, déjà courbé par l'âge et les labeurs et se reposant des charges les plus lourdes de son épiscopat sur son coadjuteur Eanbald, son ancien élève et condisciple d'Albinus.

Un jour qu'ils conversaient ensemble, Aelbert dit à Albinus :

— Ma course est bientôt achevée, et je vais, sans doute, prochainement quitter cette terre d'exil pour retourner vers Dieu. Alors, mon cher Albinus, tu partiras pour Rome et tu en rapporteras le *pallium* pour ton condisciple Eanbald.

« Et puis, tu visiteras la France. La Providence t'a désigné pour y faire un grand bien. Jésus-Christ sera ton guide dans ce voyage et dirigera tes pas sur la terre étrangère.

» Tu auras à déclarer la guerre à une abominable hérésie qui voudra prouver que l'Homme-Dieu n'est que le fils adoptif du Père;[2] tu seras alors l'inébranlable champion de

---

(1) Alcuin, *Les évêques de l'église d'York, Patr. lat.*, t. CI.

(2) L'adoptianisme, hérésie contre laquelle Alcuin devait écrire un traité savant. Deux évêques d'Espagne, Félix d'Urgel et Eliphand, étaient les auteurs de cette erreur qui prétendait que Jésus-Christ n'était fils de Dieu, selon la nature humaine, que par adoption divine. Cette hérésie fut condamnée par plusieurs conciles. Le symbole de notre foi est, en effet, formel. Jésus-Christ est l'Homme-Dieu, une personne en deux natures distinctes, mais étroitement unies; Il est Dieu de Dieu, Lumière de Lumière, engendré et non créé par le Père et consubstantiel à Lui. L'Homme-Dieu, N.-S. J.-C., est le grand ouvrier de toutes les œuvres du Père, comme le dit l'évangile de saint Jean « *Per quem omnia facta sunt et sine ipso factum est nihil quod factum est.* » (ch. I.) C'est donc l'Homme-Dieu, N.-S. J.-C., qui est le vrai Dieu en union avec le Père et l'Esprit-Saint, Celui qui a fait toutes choses, qui dirige toutes

la sainte Trinité et tu persévéreras sur la terre de ton voyage
à éclairer et à convertir les âmes.[1] »

Bientôt après, Aelbert mourut, et sa mort plongea
Albinus dans une grande douleur.

La prophétie du saint archevêque se réalisa de point en
point, et ce fut à Parme qu'Albinus, revenant de Rome, où
il était allé chercher le *pallium* pour Eanbald, rencontra
Charlemagne.

Le roi Charles, heureux de le retrouver, ne voulait plus
le laisser partir, il ne se lassait pas de l'interroger, de l'écouter et de l'entendre.

— Restez, lui dit-il, et soyez la lumière de mon école.
Je vous donne l'abbaye de Ferrières[2] et celle de Saint-Loup-
de-Troyes.

— Seigneur, répondit Albinus, je suis profondément
touché de vos bontés, mais je ne puis, sans l'autorisation de
mon roi et de mon évêque, abandonner ma patrie, quitter
l'église où j'ai reçu la tonsure cléricale et la consécration
sacerdotale. Permettez-moi donc de retourner dans mon
pays, comme c'est mon devoir sacré.

Charles, alors, du ton le plus caressant et le plus insi-
nuant, lui dit :

— Illustre maître, j'ai d'abondantes richesses, restez
avec moi, je serai heureux d'en disposer en votre faveur et
de vous honorer comme un père. Il y a longtemps que nous
aspirons tous à vous posséder chez nous; maintenant que

choses, qui sauve toutes choses et qui est pour toujours comme il a toujours été,
l'A et l'Ω de la création tout entière.

L'erreur de ces deux rationalistes a été condamnée par les conciles de Narbonne
(788), de Ratisbonne, de Francfort et de Rome, condamnations ratifiées par Adrien Ier
et Léon IV.

(1) *Vie d'Alcuin*, ch. v, *Patr. lat.*, t. c.

(2) Célèbre abbaye qui existe encore dans le Loiret et a donné naissance à la
ville de ce nom.

vous y êtes venu, que nous avons eu le bonheur d'être illuminés par le rayonnement de votre piété, je vous en supplie, ne nous quittez plus!

Albinus, profondément ému, répondit à ce grand monarque suppliant :

— Seigneur, je ne puis ni ne veux résister à votre volonté, mais reconnaissez que pour acquiescer à vos désirs, il faut que j'y sois autorisé canoniquement. Je laisserai de grand cœur ma patrie et l'héritage de mes ancêtres, si je puis vous être utile, même en restant pauvre près de vous. Mais demandez-moi à mon roi et à mon évêque.[1]

Albinus retourna donc à York, et ce ne fut qu'après l'accomplissement de toutes les formalités que le maître illustre vint définitivement se fixer en France et briller d'un éclat immortel au sein de l'école palatine d'où son enseignement se répandit dans le royaume tout entier.

Là, Paul Diacre enseignait le grec, et le mouvement littéraire et la passion des études avaient pris un tel essor que les mœurs elles-mêmes se ressentaient des notions puisées dans les livres et que les Francs allaient jusqu'à changer leurs noms pour les plus illustres noms de l'antiquité païenne, judaïque ou chrétienne.

Toutefois, Paul Diacre voyait ses efforts frappés de stérilité partielle, les Francs ne pouvaient arriver à parler le grec correctement et le professeur s'en plaignait amèrement.[2]

---

(1) *Vie d'Alcuin, Patrol. lat.*

(2) Il y a mille ans de cela et plus et nous n'avons pas fait un pas de ce côté. Nous ne savons ni écrire le grec cursivement ni le prononcer pas plus que le latin. Rien n'est plus dénué de sens commun que l'enseignement universitaire en France à cet égard. Nous avons pu nous convaincre par expérience personnelle qu'aucun étranger sachant le latin ne comprend un français qui le parle, ainsi du grec. Quant à notre façon d'écrire cette dernière langue, nous nous bornons à calquer des caractères d'imprimerie sans liaison cursive! Bacheliers et licenciés, soyez fiers, il y a de quoi! mais surtout, recommencez vos études, car savoir faux est pis qu'ignorance.

C'était, en effet, le temps où l'on parlait du mariage de Richutride, fille de Charlemagne, avec le jeune empereur d'Orient, Constantin VI Porphyrogénète, et c'était en prévision du mouvement international qu'aurait produit cette union, que le roi Charles donnait tant d'importance aux études grecques.

Mais Paul Diacre qui ne voulait pas lui laisser d'illusion à cet égard, lui dit franchement :

— Seigneur, on dit que votre glorieuse fille va franchir les mers pour aller ceindre une couronne à Byzance et porter la domination des Francs jusque sur les rivages de l'Asie. Si les clercs qui l'accompagneront ne parlent dans ces contrées que le grec qu'ils savent en croyant l'avoir appris de moi, ils courent le plus grand risque de rester tout à fait muets.

Dès 787, Charlemagne adressait aux évêques et abbés de son royaume une lettre-circulaire qui était un véritable programme d'instruction publique.

Il y recommandait l'étude assidue des lettres sacrées et profanes et de toutes les sciences; il se plaint d'avoir été souvent harangué en langage inculte et en phrases incorrectes dans les monastères qu'il visitait et il exprime la crainte que cette ignorance des sciences et des lettres mène à la non intelligence des saintes Ecritures.

« Nous voulons, leur dit-il, qu'en votre qualité de soldats de l'Eglise, vous soyez tout ensemble, dévôts intérieurement et savants extérieurement, exemplaires dans votre vie et pleins de science dans votre enseignement.[1] »

Rien n'est plus déplorable, en effet, et Charlemagne le comprenait, que la paresse intellectuelle qui conduit à s'extasier devant des mots sonores en tournant le dos aux idées qui en sont la vie et la substance.

---

(1) Charlemagne, *Ep. III, Patr. lat.*, t. xcviii.

Grande était la sollicitude de Charles pour sa chère école palatine, comme on va le voir :

Un jour, Charles, revenant d'une de ses victorieuses expéditions, visita son école et se fit présenter les compositions des élèves, afin de juger de leurs capacités et de leurs progrès.

Le résultat de cet examen fut que le roi s'aperçut que les meilleures compositions étaient fournies par les enfants des familles pauvres, tandis que celles des fils des leudes opulents et fiers étaient marqués au sceau de l'incurie et de la paresse.

Charles sépara l'école en deux groupes au milieu desquels il se tint.

Alors, s'adressant aux bons écoliers qui étaient à sa droite, il leur dit :

— Mes enfants, je vous félicite d'avoir suivi mes ordres en vous appliquant à l'étude de toutes vos forces. Continuez de la sorte, efforcez-vous vers la perfection, je vous donnerai un jour des évêchés et des abbayes.

Et, se tournant d'un air irrité vers les autres :

— Quant à vous, leur dit-il, les dégoûtés et les orgueilleux, parce que vos pères sont des leudes, vous vous fiez à votre naissance et aux richesses de vos familles; vous dédaignez l'étude des lettres, vous préférez le jeu, la parure et les amusements frivoles, je le vois bien.

Et, levant alors le bras vers le ciel, il s'écria :

— Par le roi des cieux, je me soucie fort peu de votre noblesse et de votre luxe, vains hochets que les sots admirent! Sachez-le bien, si vous ne réparez pas votre négligence, jamais vous n'obtiendrez la moindre faveur du roi Charles![1]

Toute la famille elle-même du roi jusqu'à ses filles, était tenue de s'instruire et de se livrer à des travaux en rapport avec ses aptitudes personnelles.

---

[1] Le moine de Saint-Gall, *Actes de Charlemagne.*

II

UN PORTRAIT ROYAL.[1]

Charles était grand et fort, de taille imposante et bien proportionnée. Sa stature était égale environ à sept fois la longueur de ses pieds.[2]

Son front était vaste et rond, ses yeux grands et vifs, son nez un peu plus long que la moyenne, sa physionomie riante et agréable.

Toute sa personne, debout ou assise, avait un air de grandeur et d'incomparable majesté.

Il n'eut quelques défants que dans un âge avancé où l'embonpoint le gagnant, sa tête parut un peu enfoncée dans ses épaules, mais ses cheveux, en blanchissant, devaient ajouter à sa figure un nouveau prestige.

Sa démarche était ferme et sa prestance mâle, sa voix

(1) Nous réunissons quelques documents personnels et anecdotiques sur Charlemagne, empruntés aux historiographes ecclésiastiques de l'époque, comme susceptibles de donner une idée pittoresque de ce héros et de son caractère.

(2) Charlemagne avait un grand pied qu'il tenait de sa mère, la reine Berthe « aux grands pieds, » disent les chroniques et les chansons de geste. Ce fut sur la longueur exacte du pied de Charlemagne que fut établie la mesure nationale dite « pied de roi, » et qui fut très longtemps en usage.

sonore et un peu grêle; sa santé excellente. L'équitation et la chasse étaient ses exercices de chaque jour et il y excellait au milieu d'un peuple qui les pratiquait dans la perfection.

Nul ne pouvait le surpasser à la nage et il préférait les bains d'eaux thermales, ce qui fit la fortune de la ville d'Aix-la-Chapelle, où il se fit construire un splendide palais qu'il ne devait pas quitter dans les dernières années de sa vie et où il devait mourir et être inhumé.[1]

Le vêtement habituel du roi Charles était celui des anciens francs.

De ses épaules à ses pieds descendait un *pallium* ou manteau découpé sur les côtés et laissant à nu les jambes ornées de chaussettes de lin que retenaient des bandelettes entrelacées en croix. Sous son manteau, il portait une tunique bordée de franges de soie, des haut-de-chausses et une chemise de lin. A sa ceinture brillait un baudrier d'or ou d'argent qui supportait un fourreau d'or contenant la célèbre épée appelée « joyeuse » par les chansons de geste. Ses brodequins étaient dorés.

L'hiver, Charles ajoutait à ce costume un justaucorps en peau de martre ou de loutre, fourrures provenant des bêtes sauvages de la forêt traquées à la chasse. Ce vêtement avait la forme de ceux que portaient les gens du peuple.[2]

Il n'aimait pas les costumes des autres peuples, si riches et somptueux qu'ils pussent être, et n'en voulut jamais porter aucun, si ce n'est à Rome dans deux circonstances solennelles et à la demande du pape, une première fois dans sa première entrevue avec Adrien, plus tard, lorsque, couronné empereur d'Occident par Léon III, il prit la longue tunique, la chlamyde et la chaussure romaine.

L'ordonnance de ses repas était somptueuse, quoiqu'il fut

<hr>

(1) Eginhard, *Vie du B. Charlemagne* passim, ch. xxii.
(2) Eginhard, xxiii.

simple dans sa nourriture et qu'il eut en horreur la glouton-
nerie et l'ivrognerie, ces vices si chers aux Germains.

Les rois le servaient à table ; ils versaient le vin dans sa
coupe précieuse et lui présentaient la broche où fumaient le
daim et le sanglier.

La bénédiction de la table était prononcée par Fulrald et,
plus tard, par Angelramne, de Metz, et par Hildebald, de
Cologne, qui furent successivement chapelains du palais.

Pendant le repas, un clerc lisait l'histoire des anciens rois
ou les œuvres des pères de l'Eglise.[1]

C'était surtout celles de saint Augustin et de saint Jérôme
que Charles préférait pour leur éloquence et leur génie, et
son livre favori était la « *Cité de Dieu* » d'Augustin.

Un jour, il dit à Alcuin en soupirant :

— Ah ! si j'avais seulement autour de moi douze clercs
instruits dans toutes les sciences comme le furent Jérôme et
Augustin !

Alcuin lui répondit aussitôt :

— Quoi ! Seigneur, le créateur du ciel et de la terre n'a
pas doublé ces hommes-là, et vous voudriez en avoir à la
douzaine ![2]

Charles n'avait pas d'autres convives à sa table que les
princes et princesses de sa famille et les évêques, et l'un de
ceux-ci se crut un jour le vrai roi de la table.

Charles lui avait dit, voulant lui faire honneur :

— Seigneur évêque, bénissez les pains et distribuez-les
selon l'usage.

L'évêque prit la corbeille et bénit le pain, puis, il se servit
le premier et s'apprêtait à servir les convives, lorsque Charles
lui dit sévèrement :

— Gardez tout, seigneur évêque.

(1) Eginhard, xxiv.
(2) Le moine de Saint-Gall, *Actes de Charlemagne*, l. i, ch. iv.

Et, appelant l'officier de bouche, il ajouta :

— Apportez une autre corbeille et que notre chapelain la bénisse.

Ce qui fut fait à la confusion de l'évêque qui avait si gravement manqué à l'étiquette de la cour.

Car Charles était un homme de mesure et de poids, et tous ses actes avaient dans son esprit un mobile supérieur et bien pesé d'avance.

Un jour de carême, un évêque ignorant des usages et servitudes du palais, par un excès de zèle, dit au roi :

— Seigneur, ne trouvez-vous pas qu'il serait plus conforme à la piété de ne pas vous mettre à table avant l'heure de vêpres, comme vous le faites en ces jours de pénitence chrétienne ?

Le roi réprima un geste de mécontentement, et dit à l'évêque avec douceur :

— Vous avez raison, bon et sage évêque, et vous faites votre devoir en nous avertissant ainsi. Aussi, je vous ordonne à vous-même de ne manger qu'après tous les officiers de ma cour.

Pendant plusieurs jours, l'évêque dut attendre jusques après minuit pour prendre son repas, et il en comprit, à ses dépens, la raison.

Les rois qui avaient servi Charles, mangeaient, en effet, après lui, servis par les leudes qui mangeaient à leur tour avec les comtes et les préfets des marches, servis par les officiers civils et militaires du palais qui, à leur tour, mangeaient, servis par la domesticité inférieure.

L'évêque n'avait pas deviné que si Charles avançait l'heure de son repas pendant le carême où l'on n'en faisait qu'un, c'était pour ne pas faire souffrir les autres d'un jeûne disproportionné.[1]

____

(1) Le moine de Saint-Gall, *Actes de Charlemagne*, l. I, ch. XII, *Patrol. lat.*

Charles surpassait tous les rois, ses prédécesseurs, dans la connaissance des saintes Ecritures et des lois ecclésiastiques et civiles. Il portait sans cesse sur lui pendant le jour des tablettes et des plumes pour noter ses pensées utiles à l'Eglise et à son royaume, et même la nuit, il les mettait sous son chevet.[1]

Il aurait voulu aussi apprendre, dit Hincmar, à tracer sur parchemin ces belles enluminures qui ornaient les manuscrits de son temps, mais il n'y réussit jamais que médiocrement, cet art étant long et difficile à apprendre.

Le puissant roi n'avait pas dédaigné de s'asseoir comme un écolier sur les bancs de l'école palatine pour y suivre les cours de grammaire, de dialectique, d'astronomie et de médecine.

Il parlait le latin comme sa propre langue, mais prononçait mal le grec, quoiqu'il le comprit bien. Il alla jusqu'à étudier l'hébreu et le syriaque, afin de travailler à la révision du texte entier de la Bible.

Aussi avait-il le droit d'écrire sur un de ses diplômes, cet éloge de lui-même bien mérité :

« Je ne puis mieux encourager la renaissance des sciences et des lettres dans mes états qu'en citant mon propre exemple et le zèle que j'ai mis à étudier les arts libéraux. »

Grâce à cette instruction étendue, sa parole était aisée, facile et éloquente.

Charles était poète, et les siècles ont respecté ses vers d'une latinité très suffisante.[2]

---

(1) Hincmar, *Patrol. lat.*, t. cxxv, col. 1085.

(2) En voici un exemple dans un quatrain qu'il écrivit de sa main sur un exemplaire de la Bible qu'il avait corrigé :

> *Codicis hujus orans volui confringere penna*
> *Spinas, quas animo scriptor congessit inerti.*
> *Quique legis, precibus pro me pulsare Tonantem*
> *Digneris, valeam si Christi vivere regno.*

(Charlemagne, *Poésies, Patr. lat.*, t. xcviii.)

Charles visita son école et se fit présenter les compositions des élèves.
(P. 75.)

Il était aussi théologien et l'on trouve dans les *Livres Carolins* publiés sous son nom une réfutation complète de l'hérésie iconoclaste.

« Ce livre, lui écrivit la pape Adrien, si différent de vos autres écrits, accuse votre travail personnel et votre profonde science du dogme catholique. Il résume, en effet, toute la doctrine des pères, la tradition orthodoxe et la foi immaculée de l'Eglise romaine. »

Charles aurait voulu voir l'Eglise grecque schismatique se réunir à l'unité catholique et vers le même temps il chargeait le bénédictin italien Théodulfe, attiré par lui dans les Gaules, directeur de l'école monastique de Saint-Benoît-sur-Loire, puis évêque d'Orléans, de rechercher tous les écrits des pères sur le dogme de la procession du Saint-Esprit, que niaient alors les grecs qui n'admettaient pas que le Saint-Esprit procédât également du Père et du Fils, mais soutenaient qu'il ne procédait que du Père.

Théodulfe écrivit sur cette matière un savant traité qu'il dédia à Charlemagne, en l'ornant de ces vers en distiques :

« Va, mon petit livre, vole aux pieds du grand roi Charles et dis-lui :

» — Pieux empereur, Salut!

» — Prosterné devant son trône, baise les pieds du héros, puis lève-toi jusqu'à la hauteur de ses genoux. S'il daigne fixer sur toi l'éclair de ses yeux, s'il te prend dans sa main clémente et qu'il te dise :

» — D'où viens-tu? que veux-tu? où vas-tu? qui es-tu?

» — Réponds humblement : Je viens, guidé par Théodulfe, de parcourir les vastes prairies de l'enseignement des pères, et j'y ai cueilli une gerbe de fleurs. Mon but est d'établir la vérité du dogme de la procession du Saint-Esprit. Je puis la prouver contre tous les opposants.

» — Toi, si petit! te dira-t-il.

» — Oui, je le puis, grand roi, diras-tu, je le puis avec

l'aide de Dieu. Mes armes sont invincibles précisément parce qu'elles ne sont pas les miennes, mais celles des docteurs inspirés par l'Esprit de Dieu lui-même. Elles le seront dans votre main, roi pieux que l'Esprit-Saint dirige pour la défense de sa cause, vous, l'honneur du monde, la lumière du royaume, le tuteur de la justice, le rempart et le bouclier de la foi, le père des lettres, le restaurateur des nobles études que vous aimez et faites aimer, dont la résurrection est votre œuvre, au torrent desquelles vous buvez vous-même à pleine coupe.[1] »

Il faudrait un volume entier pour énumérer seulement les noms des écoles épiscopales ou monastiques des Gaules à cette époque et dont Charlemagne était le véritable créateur et patron.

On appelait poétiquement Aix-la-Chapelle, la seconde Rome. Et Alcuin disait à Charlemagne :

— Seigneur, si j'en crois votre zèle, nous verrons bientôt surgir chez les Francs une autre Athènes plus belle que la première; ce sera l'Athènes du Christ.[2]

Un règlement strict comme celui d'un monastère régissait l'école palatine, sous la direction suprême et toujours vigilante du roi Charles, qui présidait en personne l'office canonial où les clercs de la chapelle royale psalmodiaient.

(1) Théoduf, *De Spiritu Sancio*, *Préface à Charlemagne*, *Patrol. lat.*, t. cv.
Il y a, dans le texte du pieux Théodulphe, une légère inexactitude. En parlant des pères « docteurs inspirés par l'Esprit de Dieu lui-même, » il use d'une pieuse métaphore. L'Eglise ne reconnaît comme *inspirées* que les Ecritures dites canoniques (ancien et nouveau Testaments). Les œuvres des Pères, comme celles de tous les théologiens, sont un ensemble d'opinions considérées comme purement humaines et chacun de ces auteurs en a la responsabilité. Quant un point de foi ou de tradition doit être fixé, on les consulte, toutefois, et leur unanimité pour ou contre une proposition, implicitement ou explicitement formulée, constitue pour l'Eglise un *quorum* puissant pour ou contre cette proposition. C'est une sorte de concile invisible qui double le concile visible et seconde ses efforts pour la définition de la vérité en cause.   (2) Alcuin, *Ep. XCVI.*

« Il avait établi un ordre admirable dans les cérémonies. Ses lecteurs étaient tellement exercés que, dans le chant des leçons, nul n'avait besoin d'un signe quelconque tracé avec l'ongle ou marqué à la cire, pour indiquer sur le manuscrit le commencement et la fin.

» Tous pouvaient aussi, lorsqu'ils étaient choisis à l'improviste, fournir la lecture sans faire aucune faute.

» Du doigt, du bout de son bâton royal, quelquefois par l'envoi d'un cérémoniaire, Charlemagne désignait celui qui devait chanter la leçon. D'un léger son guttural, il indiquait l'endroit où elle devait finir, et tous étaient si attentifs à observer le signal, qu'il n'arrivât jamais qu'aucun dépassât d'un seul mot le point fixé ainsi.

» Les lecteurs du palais devinrent bientôt célèbres. Les clercs étrangers ne se risquaient à assister aux offices de la chapelle palatine qu'après s'être exercés longuement à être prêts à toute éventualité, si le roi venait à les désigner pour chanter quelque passage.[1] »

Charlemagne voulait unifier la liturgie en propageant les rites romains dans son royaume, œuvre que Pépin-le-Bref avait commencée.

Aussi, Charles demanda au pape Adrien de nouveaux exemplaires du sacramentaire de Saint-Grégoire-le Grand dont Pépin avait déjà reçu plusieurs copies authentiques.

Introduire et maintenir dans toute sa pureté le chant grégorien dans les Gaules, n'était pas chose facile.

« Les Germains et les Gaulois[2] ne pouvaient conserver la douceur de ce chant, tant à cause de la légèreté de leur naturel qui leur a fait mêler du leur à la pureté des mélodies qu'à cause de la barbarie qui leur est propre.

» Leur tempérament, leurs voix retentissant en éclats de

---

(1) Le moine de Saint-Gall, *Actes de Charlemagne*, ch. v.

(2) Dit Jean Diacre, *Vie de S. Grég. le Grand*, l. i, ch. vii.

tonnerre ne peuvent reproduire exactement l'harmonie musicale; la dureté de leur gosier buveur et farouche, au moment même où elle s'applique à rendre l'expression d'un chant mélodieux, par ses inflexions violentes et redoublées, lance avec fracas des sons brutaux qui retentissent confusément comme les roues d'un chariot sur des pavés, de sorte qu'au lieu de flatter l'oreille des auditeurs, elle l'agace, l'exaspère et l'étourdit. »

Aussi les chantres romains et francs en vinrent-ils à se disputer, ceux là forts de l'autorité de saint Grégoire, ceux-ci forts de la protection du roi.

— Paix! leur dit Charlemagne. Quel est le plus pur, de la source vive ou des ruisseaux qui en découlent?

— C'est la source, lui répondirent ses chantres.

— Eh bien! conclut Charles, retournez à la source, c'est-à-dire aux mélodies de saint Grégoire, car vous avez corrompu manifestement le chant ecclésiastique.[1]

Mais le succès se faisait attendre encore malgré tous les efforts. Sur le conseil du pape, Charles ne fit plus venir de professeur de Rome, il envoya, au contraire, deux de ses clercs à l'école romaine du Latran et, à leur retour, l'un dirigea l'école musicale palatine, l'autre l'école musicale de Metz.[2]

La chapelle du palais devint dès lors une pépinière d'évêques et d'abbés, dont Charlemagne était le grand dispensateur.

Aussi, les chroniques du moine de Saint-Gall sont-elles remplies d'anecdotes qui mettent en scène Charlemagne avec tous les évêques du royaume et veillant d'une manière jalouse à ce que ces hommes encore un peu barbares, fussent

(1) Charlemagne était très habile et instruit dans le chant grégorien, comme le prouve le *Veni Creator*, dont il composa les paroles et le chant.

(2) Le moine de Saint-Gall, l. i, ch. ii.

bien pénétrés des devoirs que leur imposait leur dignité épiscopale qui doit être surtout une charge pastorale.

Un jour de vigile de Saint-Martin, Charlemagne ayant appris la vacance d'un siège épiscopal, avait nommé à ce poste un clerc de sa chapelle, noble et savant.

Le nouvel élu, dans sa joie, réunit ses amis en un grand festin et oublia l'heure de l'office nocturne en cette vigile particulièrement célébrée par la piété nationale des Gaules.

Il se trouva que, d'après la distribution de l'office faite par le Maître de chapelle, le clerc absent eut dû chanter le répons de saint Martin : « *Seigneur, si je suis encore nécessaire à votre peuple,* » auquel tout le chœur devait répondre : « *Que votre volonté soit faite.* »

A ce point de l'office, un grand silence se fit, et tous regardèrent la stalle vide du clerc absent.

— Qu'un autre chante, dit Charlemagne.

Nul n'osait prendre sur soi d'entonner le répons, lorsqu'une voix s'éleva ; c'était celle d'un pauvre clerc que le roi gardait dans sa chapelle par charité.

Aussitôt toutes les figures exprimèrent une hilarité de pitié, non seulement à cause de l'audace de ce clerc sans noblesse, mais surtout parce qu'au lieu d'entonner le répons liturgique qu'il ne connaissait pas, n'ayant pas la partition sous les yeux, il avait commencé à chanter l'oraison dominicale.

Un signe du roi réprima les moqueries, et le pauvre clerc ayant continué sans s'apercevoir de rien, s'arrêta après ces paroles : « *Que votre règne arrive.* » Le chœur, alors, répondit selon le rite ordinaire : « *Que votre volonté soit faite.* »

Après l'office, Charlemagne qui était occupé à se réchauffer au foyer de la salle du palais, fit venir le clerc, vieux et pauvre serviteur, fidèle mais novice en musique, et lui dit d'un ton sévère :

— Qui donc vous a chargé d'entonner le répons ?

Epouvanté, le clerc répondit en tremblant :

— C'est vous-même, seigneur, lorsque vous avez dit : « Que quelqu'un entonne. »

— C'est bien, dit Charles, mais pourquoi donc avez-vous choisi l'oraison dominicale?

— Gracieux roi, mon doux seigneur, répondit le clerc, je n'avais pas sous les yeux les paroles du répons. Nul auprès de moi ne pouvait ou ne voulait me les indiquer. Pour ne pas déplaire à votre domination souveraine, je voulais chanter puisque vous l'ordonniez, mais chanter quelque chose qui pût se rapporter à la finale du chœur : *Fiat voluntas tua.* Voilà la raison pour laquelle j'ai choisi l'oraison dominicale.

Alors, Charlemagne élevant la voix de façon à être entendu des princes qui l'entourait, dit :

— Eh bien! il y a un orgueilleux que j'avais désigné pour un évêché vacant et qui n'a su honorer ni le Dieu dont il est le ministre, ni le roi dont il est le serviteur. Il a passé cette nuit sainte à table, vous l'avez remplacé au chœur, vous serez évêque à sa place.[1]

Une autre fois, un clerc de la chapelle royale désigné pour l'épiscopat, allait se joindre aux délégués de son futur diocèse qui lui avaient amené à la porte du palais un cheval richement harnaché.

Afin de lui faciliter la mise en selle, ils approchèrent le cheval des degrés de l'escalier.

— Me prenez-vous pour un infirme? s'écria le clerc.

Et, s'élançant sans même se servir des étriers, il calcula si peu son élan qu'il faillit passer de l'autre côté du cheval et tomber à terre.

— Très bien! dit Charles, qui guettait la scène d'une fenêtre où il se tenait, vous êtes agile, leste et adroit; en ce moment où j'ai tant de guerres à soutenir, vous pourrez me

—————

(1) Le moine de Saint-Gall, l. ı, ch. v.

rendre de précieux services. Plus tard, quand vous serez moins bon cavalier, vous serez un meilleur évêque.[1]

Souvent Charles arrivait impromptu chez les évêques à la fois flattés d'un tel honneur et navrés de n'avoir pu faire aucun préparatif.

Un jour, ainsi pris au dépourvu, — c'était un vendredi, — un évêque ne lui offrit à manger que du pain et du fromage, s'excusant de n'avoir pas eu le temps de se procurer du poisson.

— Votre fromage est délicieux, lui dit Charles, envoyez-m'en tous les ans trois charrettes à Aix-la-Chapelle.

— Bien volontiers, très doux seigneur, dit l'évêque ; j'achèterai et je vous enverrai cette provision chaque année, mais je ne puis répondre que tous les fromages seront aussi réussis que celui dont vous avez daigné vous contenter. En ce cas, je vous supplierai de ne pas m'en vouloir.

— Il y a, dit Charles, un bon moyen de ne pas faire d'erreur. Vous les couperez tous par le milieu et vous les goûterez ; vous m'enverrez les meilleurs après les avoir rejoints avec des petites chevilles, et vous donnerez les autres aux pauvres.

Pendant deux ans, l'évêque fit son envoi sans que le roi l'en fit même remercier. La troisième année, il recevait un riche domaine qui le tirait pour toujours de la pauvreté.[2]

D'autrefois, il combinait de véritables pièges, afin d'y faire tomber ceux auxquels il destinait une leçon.

C'est ainsi qu'ayant appris qu'un évêque consacrait de fortes sommes à acheter des parfums, il trouva le moyen de lui faire vendre par un juif qui faisait ce commerce, un rat ordinaire pour une civette, au prix énorme d'un boisseau de pièces d'argent.

(1) Le moine de Saint-Gall, l. i, ch. viii.
(2) Ibid., l. i, ch. xvi.

Il fit alors empiler sur une table ces pièces que le juif lui avait apportées fidèlement avec le récit de ce qui s'était passé, et il convoqua les évêques et leur dit :

— Vous êtes nos pères et les distributeurs de nos aumônes. Nos trésors doivent passer par vos mains, non pour servir à des choses frivoles, mais pour l'usage du Christ dans la personne des pauvres. Oublierez-vous de si grands devoirs?

Et montrant le tas d'argent, il ajouta :

— Voyez ces piles d'argent, l'un de vous les a remises à un juif en échange d'un rat vulgaire parfumé d'eaux de senteur !

Aussitôt, le coupable que Charles n'avait nullement désigné, se jeta à ses pieds, demanda et obtint son pardon.[1]

Une autre fois, au retour de ses expéditions victorieuses contre les Germains, Charles fut informé par la reine Hildegarde qu'un évêque n'avait pas craint de lui demander de lui prêter à l'occasion d'une solennité, le sceptre d'or du roi, afin de s'en servir comme de bâton pastoral.

Hildegarde avait répondu qu'elle ne pouvait prendre sur elle d'accorder une faveur si extraordinaire et qu'elle en référerait au roi lui-même.

Quelques jours après, du haut de son trône, Charlemagne parla ainsi aux leudes et aux prélats qui l'entouraient :

— Les évêques, par leur vocation même, ont le devoir de renoncer aux vanités de ce monde, pour nous inviter par leur exemple à élever nos cœurs vers les biens célestes. Il en est pourtant que l'ambition aveugle. L'un d'eux, non content de son siège qui est le premier de la Germanie, n'a pas craint ni rougi, durant mon absence, de réclamer pour lui servir de bâton pastoral, le sceptre d'or que j'ai coutume de porter comme emblême du pouvoir souverain.

Aussitôt, l'ambitieux qui avait entendu ce discours, se

(1) Le moine de Saint-Gall, l. i, ch. xviii.

prosterna au milieu de l'assemblée, confessa son erreur et obtint son pardon.[1]

C'est ainsi que Charlemagne se montrait un roi et un père, c'est ainsi qu'il réalisait cette union parfaite entre le trône et l'autel, qu'il conduisait vraiment dans les sentiers glorieux de la justice, l'église des Gaules qui avait tant besoin d'appui et qu'il reflétait magnifiquement dans son esprit et dans ses œuvres, pour la grandeur de son royaume et de l'Eglise, le sens même de l'autorité apostolique représentée par le pape dont il était le plus sûr et le plus dévoué auxiliaire.

(1) Le moine de Saint-Gall, l. i, ch. xviii.

III

LES SAXONS.

Bien avant d'intervenir en Italie, Charlemagne avait rêvé la civilisation des Saxons farouches, par la double conquête de la foi et des armes, et ce projet avait été le sujet de nombreuses conférences entre lui et l'évêque de Fulda.[1]

Les Saxons étaient la race germaine la plus cruelle et la plus attachée aux rites du paganisme.

Un précurseur dévoué se leva et s'en fut jouer le rôle périlleux de prophète au milieu des adorateurs d'Irmensul.

C'était un moine anglo-saxon, nommé Lebwinus.[2] Disciple de saint Boniface, l'apôtre des Germains, il avait été placé par lui à Deventer, et comme aux avant-postes de la foi et de la civilisation sur les frontières de la Saxe et avait noué des relations avec un chef de ce pays, nommé Folebert.

Un jour, le hardi missionnaire pénétra jusqu'à Marklo sur le Weser, où se tenait l'assemblée générale des Saxons.

— Prends garde, lui avait dit Folebert, si tu t'avances

(1) En 770.

(2) Saint Liafin, Lebuin ou Lifouin selon les diverses corruptions que ce nom a subies.

jusque-là, il est probable que tu n'en reviendras pas vivant.

Mais l'intrépide apôtre n'était pas homme à s'arrêter pour si peu.

Il arriva au moment où tout était prêt et le peuple réuni pour un grand et solennel sacrifice.

Alors, il s'avança au milieu de l'assemblée et, d'une voix retentissante, il s'écria :

— Saxons, les idoles que vous croyez des Dieux ne vivent ni ne sentent pas, car elles sont l'œuvre des hommes.

« Impuissantes à se défendre elles-mêmes, elles ne sauraient vous être d'aucun secours; c'est en vain que vous immolez à leurs pieds des victimes inutiles.

» Le Dieu seul bon, seul juste, seul créateur du monde, a pris en pitié vos erreurs et il m'envoie vers vous.

» Si vous refusez d'écouter sa voix, si vous persistez dans vos iniquités et vos erreurs, la main de ce grand Dieu s'étendra pour vous punir.

» Lui, le roi du ciel et des siècles, a décrété qu'un prince aussi sage que vaillant doit sortir d'une terre voisine et se précipiter comme un torrent à la tête de ses armées pour dompter la férocité de vos cœurs et abattre l'orgueil de vos esprits indociles.

» D'un bond, il envahira votre contrée, y promènera le fer et le feu, dispersera en esclavage vos femmes et vos enfants. »

Aussitôt, des cris de fureur s'élevèrent de tous les rangs de la foule qui cria :

— A mort! l'ennemi de nos sacrifices et de notre patrie! qu'il périsse !

On se précipita en masse sur le missionnaire, on le saisit, on le lia et on le traîna au pied de l'idole pour y être égorgé.

Déjà le couteau était sur sa gorge, lorsqu'un vieillard s'avança, demanda le silence et dit :

— Ecoutez-moi; souvent, il nous est venu de la part des

rois normands ou slaves, des ambassadeurs que nous avons reçus pacifiquement. En voici un qui se présente comme l'ambassadeur d'un Dieu. Ceci ne nous est jamais arrivé; nous ne saurions le mettre à mort!

Lebwinus dut son salut à cette intervention, mais son église de Déventer porta la peine de son audace, et fut détruite par les barbares.

Charlemagne l'apprit, et ce fait amena la proclamation du ban de guerre entre l'idolâtrie des Saxons et le christianisme des Francs.

Charles rassembla ses troupes et s'avança avec son armée jusqu'à Ehresbourg[1] non loin de Paderborn, principal centre de l'idolâtrie des Saxons.

C'était là qu'on adorait dans un temple célèbre, la fameuse idole d'Irmensul, personnification de Teutatès, imaginée par les antiques habitants de la Germanie.

Le dieu terrible était armé de pied en cap comme un guerrier farouche; sa main gauche tenait une balance et sa droite un drapeau dont les plis flottants laissaient voir en broderie une rose symbolique. Un lion était peint sur son bouclier et le sol où pesait ses pieds était un parterre où semblaient naître des fleurs immortelles.

C'était l'allégorique figure de la Saxe aux campagnes fertiles, aux prairies émaillées de fleurs, patrie d'un peuple belliqueux comme le lion, dont l'épée était la seule règle, la seule justice, la seule loi.[2]

Les Francs livrèrent la bataille et furent victorieux. A coups de hâche, ils brisèrent la gigantesque idole et démolirent son temple de fond en comble.

Les Saxons épouvantés par un tel sacrilège s'attendaient à voir le feu du ciel faire justice des impies.

(1) Statberg.
(2) Johanneau : *Description de l'idole des anciens saxons. Irmensul.*

Pendant ce temps-là, au plus fort de l'été, la soif dévorait dans un pays sans eau les soldats de Charlemagne. Mais un torrent desséché se gonfla soudain, et, devant ce phénomène, les Saxons se soumirent et jurèrent de laisser au vénérable Sturm, abbé de Fulda, ainsi qu'à ses religieux, le libre accès dans leur pays et la faculté d'y répandre la foi chrétienne.

Et Charlemagne revint triomphant, célébrer la Noël au château d'Héristal.

Mais il allait falloir trente-trois ans de luttes héroïques pour convertir définitivement ce sol barbare et rebelle.[1]

Aussi, nous l'avons vu, en revenant d'Italie, obligé d'aller en toute hâte en réprimer les révoltes, ayant à peine eu le temps de laisser au-delà des Alpes, un pays nouvellement conquis par ses armes sur les Lombards, une organisation sûre.

Bientôt, d'ailleurs, il allait être rappelé en Italie pour étouffer de nouveaux complots.

L'avenir lui réservait la consolation de voir un miracle toucher le cœur du dernier défenseur des Saxons, le nouvel Arminius des Germains, l'indomptable Witikind qui avait échappé à tous les désastres infligés à ce peuple terrible par huit expéditions victorieuses couronnées par l'égorgement de quatre mille captifs cernés sur le dernier champ de bataille et passés par les Francs au fil de l'épée implacable.

— Tant que cet homme sera vivant, disait Charlemagne, je n'aurai rien fait.

Le jour de Pâques de l'an 785, un mendiant demandait l'aumône, vêtu de misérables habits, à la porte du palais d'Attigny où se trouvait la cour.

Un leude s'approcha, tira de son aumônière une pièce d'argent et la lui tendit.

Le mendiant avança la main pour la saisir et montra l'infirmité d'un de ses doigts.

(1) Darras, *Hist. de l'Église.*

— Voilà une main que je connais, pensa le leude en lui-même, j'ai vu cette main dans les batailles; que le Christ m'assiste! cet homme est Witikind!

Aussitôt, il lui ordonna de le suivre. Le mendiant obéit et fut amené devant Charlemagne à qui le leude expliqua son sentiment.

C'était bien Witikind.

— Quel motif, lui demanda Charles, a pu vous faire travestir ainsi?

— Je voulais examiner de près les cérémonies de votre culte, répondit le Saxon et j'ai pensé que dans ce déguisement, il me serait plus facile de tout voir.

— Eh bien! demanda Charles, qu'avez-vous remarqué dans l'Eglise?

— Avant hier, seigneur, répondit le faux mendiant, en ce jour que vous nommez le vendredi saint, la tristesse était peinte sur votre visage. Aujourd'hui fête de Pâques, je vous ai vu, au commencement des cérémonies, pensif et recueilli. Mais, quand vous vous êtes approché avec les grands de votre cour, de la table qui est au milieu du temple, j'ai vu éclater sur tous les visages des marques d'une joie si intime, que je ne sus à quoi attribuer ce changement subit.

« Une grande émotion toucha alors mon cœur. Il me semblait que le prêtre plaçait sur vos lèvres comme un enfant couronné de gloire. Je me suis prosterné tout en larmes et j'ai adoré votre Dieu qui sera désormais mon Dieu. »

— Heureux es-tu, s'écria alors Charlemagne, d'avoir joui d'une faveur que le ciel n'a accordée ni à moi ni à mes prêtres!

Aussitôt, il fit donner à Witikind des habits honorables et en rapport avec son rang, et se mit à lui expliquer ce qu'enseigne la foi sur le mystère eucharistique.

Peu de temps après, le roi Charles levait lui-même le barbare des fonts du baptême.

Le farouche agitateur de la Saxe en était devenu l'apôtre.
Il demanda au roi Charles des évêques pour instruire sa
nation. La ville de Minden fut érigée en siège épiscopal, et
le premier évêque en fut Hérembert.

Aussitôt, Charles s'empressa d'informer le pape Adrien
de cette heureuse nouvelle, en lui demandant de rendre à
Dieu des actions de grâces solennelles.

Le cœur du pontife exulta de joie à cette information.

« Ce n'est plus seulement, lui écrivit-il, pour vos
victoires guerrières qu'il nous faut rendre grâces à Jésus-
Christ, rédempteur du monde. A ces triomphes, vous joignez
les victoires saintes d'un apôtre.

» Pour rendre au Seigneur de solennelles actions de
grâces, nous avons par un décret apostolique, ordonné à tous
les fidèles d'Occident, fils de la sainte Eglise romaine, votre
mère spirituelle, trois litanies[1] publiques qui auront lieu les
23, 26 et 28 du mois de juin, la veille de saint Jean-Baptiste,
le jour de la fête des saints Jean et Paul et la veille de la
fête de saint Pierre, dans un an, afin que ce délai permette
à tout l'univers d'en être informé à temps.

» Quant à nous, ce n'est pas une ou deux litanies qui
suffiraient à l'ardeur de notre reconnaissance ni à l'expression des vœux que nous adressons au Seigneur pour vous.

» Nous ne cessons de prier chaque jour le Sauveur du
monde pour qu'il daigne confirmer dans la foi et dans votre
obéissance, les nations conquises par votre bras invincible,
qu'il éloigne de vos frontières et des nôtres, les fléaux dévas-
tateurs, la guerre, la famine, la peste, et qu'en nos jours, le
peuple confié à nos soins, vive dans la paix, l'abondance et
la justice.[2] »

Aux jours dits, la litanie solennelle se déroula dans les
rues de Rome pavoisées, fleuries et illuminées.

(1) Processions.   (2) *Codex Carolinus*, LXXXV.

Au milieu de la nuit, tout le peuple rangé en ordre de marche, escorta du Latran à Sainte-Marie-Majeure, la vénérable image du Christ dite « ἀχειροποίητα » portée solennellement sur un brancard.[1]

Sous le péristyle de la basilique, avait été élevé un autel sur lequel elle fut déposée.

Alors la multitude se prosterna et, se frappant la poitrine, chanta cent fois *Kyrie eleison*, autant de fois *Christe eleison*, et un même nombre de fois *Kyrie eleison*. Puis, la messe fut célébrée par le pape dans la basilique et la procession revint dans le même ordre de marche, rapporter pieusement la sainte image au Latran.[2]

De son côté, Charles écrivit dans un de ses capitulaires :

« Nous avons fait un *triduum* de litanies, afin d'implorer la miséricorde de Dieu pour qu'elle daigne assurer à nos peuples la sécurité, et à nos armées la victoire.

« Les prêtres avaient prescrit l'abstinence de la viande et du vin à tous ceux qui n'en étaient point empêchés par l'âge ou la maladie. Et tous, nu-pieds, nous avons suivi la litanie.[3] »

Charlemagne comprenait que la bravoure et l'épée d'un héros ont besoin de l'assistance du ciel, et sa piété était le palladium sacré de son génie.

---

(1) Nous avons donné dans un précédent volume la notice explicative concernant cette figure vénérée à Rome et qu'on dit avoir été commencée par S. Luc et achevée par les anges. De là le nom grec de ce tableau qui signifie « fait sans le secours de la main. »

(2) D'après le *Codex Carolinus*.

(3) *Ibidem*.

IV

LA CONJURATION ET LE NOUVEAU CONSTANTIN.

L'Italie n'était point pacifiée ; de sourdes intrigues étaient menées dans l'ombre, et l'empereur de Byzance, Léon IV, n'y était pas étranger.

Adalgise, fils de Didier et prétendant au trône écroulé des Lombards, était venu en 775 à Constantinople pour y recruter une flotte et des soldats contre Charlemagne et le pape Adrien, et il y avait été accueilli avec bienveillance par l'empereur Léon qui n'avait pas perdu l'espoir de recouvrer un jour l'empire d'Occident, perdu par l'incapacité des successeurs de Constantin-le-Grand.

La politique byzantine avait alors trop à faire avec les Sarrazins du midi et les Bulgares du nord pour pouvoir fournir des soldats et des vaisseaux, mais Léon IV créa Adalgise patrice, lui offrit tout l'argent dont il avait besoin et lui ouvrit le crédit de l'empire.

Cela suffisait au prétendant pour entretenir l'agitation en Italie et se recruter des partisans.

Pendant que Charlemagne était roi des Lombards par droit de conquête et patrice des Romains par la nomination pontificale, Adalgise était reconnu par Byzance comme seul roi légitime des Lombards et seul patrice authentique des Romains.

Le duc de Bénévent, gendre de Didier, et l'archevêque Léon de Ravenne entrèrent dans la conjuration.

L'archevêque se révolta ouvertement et se déclara souverain de Ravenne et de l'Emilie, s'empara des cités de Faenza, Forlimpopoli, Forli, Cesène, Bobbio, Comias, de tout le duché de Ferrare, d'Imola et de Bologne, se prétendant par surcroît de mauvaise foi investi par Charlemagne lui-même du gouvernement de toute la Pentapole.

Aussitôt le pape Adrien écrit à Charlemagne pour lui signaler cet événement.

« Les peuples de ces contrées, écrit le pape, refusent de subir son joug et protestent de leur inviolable attachement au bienheureux Pierre et au siège apostolique. Mais le sacrilège persiste dans sa rébellion; il a installé de vive force ses mandataires dans toutes les cités après en avoir chassé les nôtres, et il prétend établir à Ravenne le siège d'un gouvernement dont il serait le maître...... Au nom du Dieu tout-puissant, remettez ce rebelle entre nos mains, rendez au siège apostolique le gouvernement de l'exarchat, tel que l'a possédé le bienheureux pape Etienne, du vivant de votre père de sainte mémoire, le seigneur roi Pépin.[1] »

Mais l'archevêque, voulant conjurer l'orage et tromper Charlemagne, était accouru en France pour s'efforcer de tromper Charlemagne sur ses véritables agissements.

Quand il revint à Ravenne, il montra une arrogance sans égale.

Le pape Adrien s'en plaignit amèrement au roi Charles dans une lettre où il lui dénonce ses nouveaux agissements et qui se termine par une accusation indignée contre ce nouveau tyran de Ravenne :

(1) *Codex Carolinus.*

« Le 27 octobre dernier,[1] écrit le pontife, on nous a remis tout ouverte une lettre à nous adressée par le patriarche Jean de Prade. Le sceau apposé sur cette missive a été, nous a dit le porteur, brisé par l'archevêque Jean de Ravenne, lequel a eu l'audace de prendre connaissance d'un rescrit adressé au siège apostolique. Ses relations avec le duc de Bénévent Arigèse et avec tous les autres ennemis de votre excellence, sont de notoriété publique. En violant le secret de nos correspondances, il cherche des nouvelles pour les transmettre à ses complices.[2] »

Pour le pape, l'évidence de la conjuration ne faisait pas un doute et ses deux foyers étaient l'un à Ravenne, l'autre à Bénévent sous la haute main du duc Arigèse, et de l'archevêque Léon qui, jadis, avait déjà montré son mépris pour l'autorité apostolique, lorsque malgré la défense formelle du pape, il avait fait exécuter le cubiculaire Paul, auquel le miséricordieux pontife voulait accorder le temps de se repentir de ses crimes.

Peu de temps après, Adrien envoyait un nouveau message à Charlemagne pour lui signaler une nouvelle trahison :

« Je dois, écrivait-il, informer votre préexcellence, très doux et très aimant fils, de la trahison et de la perfidie de Réginald naguère simple *gastall*[3] du *Castellum-Felicitatis*,[4] et qui se proclame aujourd'hui duc de Clusium.[5] Il a chassé de ces deux villes qui nous appartiennent tous les agents du Saint-Siège, et se crée une sorte de royauté indépendante au mépris de votre autorité et des droits sacrés du bienheureux Pierre, prince des apôtres.[6] »

Plein d'angoisses devant la révolte de l'archevêque de

---

(1) 775.

(2) *Codex Carolinus*, LIV, *Post-scriptum sur l'archevêque Léon, Patrol. lat.*, t. XCVIII.

(3) Gouverneur.   (4) Tifernas.   (5) Chiusi.

(6) *Codex Carolinus*, LVI.

Ravenne, la trahison de Réginald et les menées ténébreuses d'Arigèse, le pape attendait les ambassadeurs de Charlemagne, avec impatience.

Il prépara une réception solennelle. Mais ceux-ci tombèrent sans doute dans un piège et, au lieu d'aller à Rome, comme cela leur avait été ordonné par le roi, s'en furent d'abord à Spolète conférer avec un autre traître, le duc Hildebrand, et, de là, sans tenir compte des réclamations du pape, se rendirent chez le duc de Bénévent.

Cette conduite jeta l'effroi dans le cœur de tous les amis du Saint-Siège et l'on ne savait qu'en penser.

Enfin, les ambassadeurs arrivèrent à Rome.

L'événement prouva que leur bonne foi avait été traîtreusement surprise par les conjurés.

En arrivant à Rome, ils annoncèrent au pape qu'Hildebrand, duc rebelle de Spolète, implorait son pardon et le priait de lui envoyer des otages, après quoi et sur cette garantie, il viendrait lui-même faire sa soumission au siège apostolique.

Aussitôt, le pape envoya sous la conduite du sacellaire Etienne les otages demandés, il lui avait en outre confié un sauf conduit pour Hildebrand.

Mais quand le sacellaire Etienne arriva, il trouva le duc de Spolète en conférence avec les affidés des ducs de Bénévent, de Frioul et de Chiusi.

— Que venez-vous faire ici? dit insolemment le duc Hildebrand au sacellaire confondu, au mois de mars prochain, nos armées se joindront à celle que doit nous amener la flotte grecque sous les ordres d'Adalgise, fils de Didier, et l'on se battra sur terre et sur mer. Rome tombera sous nos coups et nous abandonnerons ses trésors au pillage de nos soldats. Le fameux *ciborium* de Saint-Pierre[1] ne protègera

---

(1) C'est-à-dire la *Confession* même du prince des apôtres considérée comme palladium de la Rome papale.

plus les Francs, le pape sera notre prisonnier et nous réta-
blirons la monarchie lombarde.

« Et maintenant, ajoutait Adrien qui mandait incessamment ces nouvelles à Charles, très excellent roi et très
doux fils, je vous en conjure au nom du Dieu vivant et véritable, au nom du bienheureux Pierre, prince des apôtres,
hâtez-vous de nous secourir ! Sans vous, nous périssons ; le
salut de Rome et de tout notre peuple est entre vos mains ![1] »

Ce furent les mêmes ambassadeurs trompés naguère par
les conjurés lombards, qui apportèrent ces dernières nouvelles à Charles de la part du pontife.

Ils trouvèrent le roi des Francs en Westphalie, et Charles
ayant pris connaissance des lettres du pontife, les fit repartir
aussitôt pour Rome, chargés de rassurer le pape et de lui
promettre son appui.

La joie du pontife fut grande en les revoyant, et Rome
entière partagea son bonheur.

Aussitôt, Adrien en fit part à Charlemagne en lui disant
que s'il vient en Italie, et qu'il ne puisse pas pousser jusqu'à
Rome, il ira lui-même à sa rencontre en quelque lieu qu'il
lui désignera, pour avoir le bonheur de le voir et de lui
parler.[2]

Mais cette lettre n'arriva pas en temps voulu à
Charlemagne.

Au moment où le pape l'écrivait, le roi des Francs dont
la patience était à bout, avait déjà franchi les Alpes à la
tête d'une formidable armée qui déboucha en Italie au mois
de janvier 777 et dont le premier acte fut de cerner la puissante cité de Trévise, qui était la clef du Frioul et dans
laquelle s'était enfermé en toute hâte avec quelques troupes,
le duc Stabilès, beau-père du duc de Frioul, comptant sur

(1) *Codex Carolinus*, LVIII, *passim*.
(2) Ibid., LIX.

la force de cette place pour y retenir les Francs jusqu'à ce que les autres ducs eussent pu organiser la résistance.

Car, à la nouvelle de cette invasion franque foudroyante, les ducs avaient été frappés d'une indescriptible stupeur.

Mais il était écrit que la cité ne tiendrait pas deux jours. Un clerc de la ville, nommé Pierre, fit parvenir à Charlemagne une note précise indiquant le point faible de la défense, et au premier assaut, la ville fut prise et investie.

Sans perdre de temps, Charles se remit en route et rencontra bientôt la petite armée du duc de Frioul. Elle fut taillée en pièces, et le duc, fait prisonnier dans le combat, eut la tête tranchée.

Epouvantés, les autres conjurés, Arigise de Bénévent, Hildebrand de Spolète, Réginald de Chiusi et Léon de Ravenne accoururent en tremblant se prosterner aux pieds du vainqueur et renouveler entre ses mains un serment de fidélité qu'ils étaient bien résolus à trahir encore à l'occasion.

Charles feignit d'ignorer toute la gravité de leurs crimes de haute et insigne trahison à la foi jurée et, satisfait d'avoir vaincu les rebelles et anéanti la conjuration, revint en toute hâte dans ses états sans même voir le pape qu'il venait de délivrer une seconde fois et qui, dans son enthousiasme, lui écrivit aussitôt :

« Très préexcellent fils, aux jours de bienheureux pontife Sylvestre, le très pieux empereur Constantin-le-Grand de sainte mémoire, exalta en puissance et en honneur la sainte Eglise catholique et apostolique de Rome. Il daigna lui conférer la suprême magistrature sur les contrées de l'Occident.

» Ce spectacle se renouvelle par vous, très excellent fils, et nous n'avons rien à envier aux temps plus prospères. La sainte Eglise de Dieu, l'Eglise du bienheureux Pierre, refleurit et tressaille d'allégresse; elle se couronne de gloire, et toutes les nations chrétiennes chantent au Seigneur :

« Seigneur, sauvez le roi, exaucez-nous en ce jour où nous vous invoquons.[1] »

» Un second empereur très chrétien, un Constantin nouveau s'est levé dans notre siècle, et, par sa main, Dieu a restitué à la sainte Eglise du bienheureux apôtre Pierre, sa splendeur antique. Il lui rend tout ce que les divers empereurs, les patrices, les fidèles, pour le remède de leur âme et le pardon de leurs péchés, avaient concédé à la sainte Eglise, tous ces patrimoines si longtemps usurpés et détenus par la nation impie des Lombards.

» Selon vos ordres, très chrétien roi et pieux fils, nous vous adressons les textes de ces diverses donations, tels qu'ils existent dans nos archives du Latran.

» Ainsi, votre royale excellence aura sous les yeux les titres de propriété qui établissent le droit légitime de notre Eglise, et le bienheureux Pierre, rétabli par vous dans ses droits terrestres, sera votre intercesseur au tribunal de Dieu.[2] »

Charlemagne allait vers de nouvelles conquêtes ; la gloire l'attendait dans des expéditions victorieuses contre les sarrasins d'Espagne.[3]

(1) Ps. xix, 10.

(2) *Codex Carolinus*, lx.

(3) Nous ne pouvons ici entrer dans tous les détails historiques concernant Charlemagne. Nous n'étudions cette grande figure qu'au point de vue de l'Eglise et nous sommes restreints à ne donner que des tableaux en raccourci. Notre seul point de vue est le déplacement du pôle politique du monde par la création du nouvel empire d'Occident sous l'influence des pontifes romains.

V

LA TERRE FERME.

Tant de secousses intérieures et de tremblements intimes faisaient soupirer le pape et le roi après le repos et la paix complète de l'Italie.

Souverain d'un immense empire qui s'étendait des rives de la Vistule aux bords de l'Ebre et du Danube au Tibre, le roi magnifique des Francs, malgré son activité prodigieuse et ses incessants voyages, comprit combien il lui était difficile de faire face partout à la fois, aux nécessités de sa domination.

Il résolut donc de créer deux royaumes vassaux, l'un comprenant toute la Lombardie, jadis soumise à Didier, et l'autre toute l'Aquitaine ou Gaule méridionale.

Il soumit son projet aux assemblées des Francs,[1] qui l'approuvèrent pleinement et, deux ans après, partit pour Pavie, emmenant avec lui ses enfants, Carloman, Louis, Rotrude et Gisèle, ainsi que leur belle-mère, sa femme, la reine Hildegarde, laissant à Worms ses deux fils aînés, Pépin et Charles.

(1) En 779.

Ils brisèrent la gigantesque idole et démolirent son temple
de fond en comble. (P. 94.)

Au temps de Pâques, Charles et sa famille se rendirent à Rome[1] pour que le pape conférât l'onction royale aux deux jeunes princes, Louis et Carloman, âgés de trois et cinq ans.

Carloman devait régner sur l'Italie et, à la demande du pape, il fut sacré sous le nom de Pépin, en l'honneur de son aïeul cher à l'Eglise. Louis était roi d'Aquitaine.

La gloire de Charlemagne commençait à inquiéter l'empire de Byzance, et l'impératrice Irène envoya à Rome des ambassadeurs chargés de demander à Charles la main de sa fille Richtrudis âgée de huit ans, pour son fils Constantin VI, dont elle avait la tutelle et qui était âgé de dix ans.

Charles accepta, et des promesses furent échangées avec serment, mais le roi des Francs mettait une condition magistrale à son alliance, c'était la fin du schisme iconoclaste et l'établissement par un concile des bases de réunion de l'Eglise grecque à l'Eglise latine.

Adrien et Charles jetaient ainsi les fondements de la pacification religieuse du monde.

Sacré par les mains du pape, le jeune roi Pépin fut installé en grande pompe à Pavie comme roi d'Italie, puis conduit à Modoïtia,[2] où l'archevêque de Mediolanum[3] lui mit solennellement sur la tête, la couronne de fer d'Agilulf.

Tous les ducs et fonctionnaires lombards vinrent se prosterner aux pieds du royal enfant et lui jurer fidélité.

Le génie de Charlemagne était le palladium de ce trône enfantin, et le duc Arnold, le régent effectif de ce royaume.

Toute espérance d'une restauration lombarde eut été à jamais éteinte sans la duplicité byzantine qui, tout en négociant avec Charlemagne, continuait à soutenir secrètement le fils de Didier, Adalgise, et, en préparant ouvertement un

---

(1) Le 15 avril 781. (2) Monza. (3) Milan.

concile pour le rétablissement de la communion catholique entre les deux églises latine et grecque, persécutait les catholiques en Italie et outrageait incessamment le pontife romain.

Adrien voyait tout et ne cessait d'en informer le roi des Francs par des messages multipliés.

Tant de luttes communes et un échange si étroit de pensées et de vues avaient fait de Charles et d'Adrien deux véritables frères à la vie et à la mort, l'un tenant la croix, l'autre l'épée, unies pour les mêmes combats et pour le même triomphe.

Sur ces entrefaites, la reine Hildegarde mourut à l'âge de vingt-neuf ans, pleine de vertus et odorante de sainteté, ayant donné à son époux huit enfants, dont trois étaient morts au berceau et dont l'un était le jeune Louis, roi d'Aquitaine, et qui devait être plus tard, le seul héritier du vaste empire carolingien.

Paul Diacre composa une magnifique épitaphe pour être inscrite sur le tombeau splendide de la reine Hildegarde dont Adrien proclamait la sainteté par anticipation et que devaient ratifier des miracles opérés à son tombeau et sa canonisation future.

Bientôt après, la fille d'un comte germain, nommé Rudolphe, Falstrade, devenait la nouvelle épouse de Charlemagne, alliance motivée par des raisons politiques. Charles s'empressa d'en informer le pape.

Alors, le roi des Francs faisait construire la basilique et le palais d'Aix-la-Chapelle, et Adrien lui envoyait, pour les décorer, les mosaïques, les colonnes et les statues de marbre du palais de Ravenne.

« Que pourrions-nous jamais, dans notre indigence, lui écrivait le pape, vous présenter qui fut digne de votre royale munificence et des largesses que vous prodiguez au bienheureux Pierre, votre protecteur céleste.[1] »

____

(1) *Codex Carolinus*, LXXXIX.

Du fond de la Germanie, Charles envoyait de son côté au pape un superbe et doux cheval pour ses promenades.[1]

En Italie s'agitait encore un ferment de révolte. Le duc de Bénévent se proclamait indépendant de la suzeraineté de Charlemagne et hors d'atteinte par l'éloignement de son duché.

Il entretenait des relations suivies avec le fils de Didier, protégé de la cour byzantine et n'attendant que le moment favorable pour débarquer en Italie avec des troupes grecques.

En signe d'adoption, des ambassadeurs étaient venus de Constantinople couper, avec des ciseaux d'or, une mèche de cheveux sur la tête du duc rebelle.

Sur ces entrefaites, le roi Charles ayant terminé la pacification de la Saxe, était venu célébrer la fête de Noël à Florence et, de là, il avait poussé jusqu'à Rome.

A cette nouvelle, le duc de Bénévent eut peur et, hypocritement, il envoya à Charlemagne un ambassadeur, son fils aîné Romuald, avec de magnifiques présents et des protestations de soumission absolue.

— Cela ne me suffit pas, répondit Charles, ce qu'il me faut, ce sont, au lieu de paroles et d'offrandes sans portée solide, des gages réels, des otages et la remise immédiate au Saint-Siège des territoires usurpés.

— Seigneur, répondit Romuald, mes pouvoirs ne vont pas jusque-là.

Cette ambassade n'était qu'un leurre destiné à gagner du temps, en effet.

Charles le savait, et, gardant prisonnier le jeune prince, il partit avec ses troupes pour se mettre lui-même en possession de la province de Bénévent.

Aussitôt, le duc Arigèse envoya des détachements pour

---

(1) A cette époque, les papes ne sortaient qu'à cheval. Actuellement, c'est encore à cheval qu'ils doivent prendre possession de leur église cathédrale, Saint-Jean-de-Latran.

s'opposer à la marche des Francs. La masse énorme de ceux-ci n'en fit qu'une bouchée à Capoue, et les fuyards éperdus accoururent à Bénévent, hors d'haleine, annonçant l'arrivée du roi Charles sous les murs de la cité.

Lâchement, à cette nouvelle, le duc Arigise s'enfuit à Salerne, port maritime qui lui semblait propice à son embarquement en cas de pressant danger.

Mais il voulut tenter d'apaiser Charles et il lui députa Grimoald, son second fils, qu'il avait amené avec lui, lui joignant les évêques de Salerne et de Bénévent.

Ils vinrent se jeter aux pieds du vainqueur pour implorer sa miséricorde et lui dire qu'Arigise ratifiait d'avance toutes ses décisions. Le roi chrétien, aussi pitoyable qu'il était triomphant, les accueillit avec miséricorde malgré leurs craintes trop fondées, et reçut leurs propositions de paix.

Arigise se reconnut vassal du jeune roi Pépin et s'engagea à solder les frais de la guerre et à payer un tribut annuel de sept mille solidi d'or. Il remit au pape les cités de Capoue, Sora, Arpinum, Aquin, Théano, donnant comme otage à Charles, son fils Grimoald et douze nobles citoyens de Bénévent. De là, Charlemagne visita la célèbre abbaye du Mont-Cassin et s'agenouilla dans le chœur de l'église pour honorer Dieu et son illustre serviteur Benoît, patriarche des grands moines, civilisateurs de l'Occident.[1]

Ayant octroyé à tous les religieux le titre de chapelain du palais et à l'abbé celui d'archichancelier, avec le droit de faire porter devant lui la bannière royale des Francs, Charlemagne revint à Rome pour y célébrer dans l'allégresse la glorieuse fête de Pâques.[2]

---

(1) On montre encore le lieu où s'agenouilla Charlemagne. Le pavé y est revêtu d'une plaque de bronze qui commémore cet événement à travers les siècles.

(2) 8 avril 787. Dantier : *Les monastères bénédictins d'Italie*. Darras. *Hist. de l'Église*.

VI

LA PENTE DU TOMBEAU.

La mort allait bientôt terminer le règne pontifical d'Adrien.

En ce moment, se tenait le septième concile œcuménique,[1] à Nicée, pour l'extinction de l'erreur iconoclaste. La viie session de clôture promulgua en ces termes la définition de foi sur cet objet :

« Les croix, les images saintes, peintes, sculptées ou ciselées, doivent être exposées à la vénération des chrétiens. Par images saintes, nous entendons celles de Jésus-Christ, de la Vierge, sa mère immaculée, des apôtres et de tous les saints.

» Leur vue rappelle à tous ceux qui les contemplent le souvenir de celui qu'elles représentent. On doit leur rendre un hommage de respect et de vénération, mais non le culte de latrie proprement dit qui n'appartient qu'à Dieu seul.

» Il est permis, en signe de vénération, de brûler de l'encens ou d'entretenir des lampes allumées devant elles comme on le fait pour le livre des évangiles. Telle fut, de temps immémorial, la coutume sainte et vénérable de nos pères dans la foi.

---

(1) Nous avons donné ailleurs les détails sur l'hérésie iconoclaste et ce Concile dans le volume *Les Images brisées*. Nous ne nous y appesantirons donc pas ici.

« Les honneurs ainsi rendus s'adressent à celui que l'image représente, et quiconque la vénère, vénère le saint ou la sainte qui y est figuré.

» Si quelqu'un croit et enseigne le contraire, qu'il soit anathème.[1] »

Les acclamations accoutumées retentirent au sein de l'assemblée, et l'impératrice Irène et son jeune fils, Constantin Porphyrogénète, apposèrent leur signature au bas des actes.

Le schisme long et cruel qui avait fait verser tant de sang et armé Byzance contre Rome, était terminé, et la communion rétablie entre l'Eglise grecque et l'Eglise latine.

Mais, en même temps, les bonnes relations étaient rompues entre Irène et Charlemagne. D'occultes intrigues lombardes avaient réussi à amener cette rupture et à la faire éclater dans le fait du mariage du jeune Constantin, non avec la fille de Charlemagne qui lui était fiancée, mais avec une arménienne obscure qui devait être l'impératrice Marie.

L'hypocrite duc de Bénévent, en dépit des otages qu'il avait laissés au roi Charles, et au nombre desquels se trouvait son fils Grimoald, continuait ses négociations avec Byzance dans le but, toujours poursuivi dans l'ombre, de restaurer le trône lombard. Il offrait de reconnaître la suzeraineté de l'impératrice Irène, de favoriser de tout son pouvoir le retour de l'Italie à la couronne de Byzance, et d'aider les efforts de la flotte grecque chargée de rétablir le fils de Didier à Pavie et un exarque impérial à Ravenne.

Deux ambassadeurs partirent de Constantinople pour venir apporter à Arigise le diplôme sollicité par lui de patrice de Naples et la robe de pourpre, insigne de sa nouvelle dignité.

Mais, sur ces entrefaites, le duc de Bénévent était mort

_____

[1] Labbe, *Concile*, t. vii.

subitement, inconsolable du décès de son fils Romuald, arrivé un mois auparavant.

Son fils cadet, Grimoald, apprit cette nouvelle à Aix-la-Chapelle par Charles qui lui dit :

— Mon enfant, soyez fort, vous n'avez plus de père en ce monde.

— Grand prince, répondit Grimoald, j'ai reçu il y a peu de jours d'excellentes nouvelles de mon père; sa santé ne fut jamais meilleure, ni sa gloire plus éclatante. Puissent l'une et l'autre durer longtemps. Pardonnez-moi cette expression de mon amour filial.

D'un ton attendri, Charles lui répondit :

— Hélas! il n'est que trop vrai, votre père est mort.

Grimoald, à ces mots, resta un instant comme frappé de stupeur, puis il se mit à pleurer et s'écria :

— Illustre seigneur, depuis le jour où je me suis vu en votre puissance, je n'ai eu qu'une pensée, c'est que vous me tiendriez lieu de père, de mère, de famille, de tout ce que j'aime en ce monde.

Le roi, alors, lui ouvrit ses bras paternels, l'embrassa, le nomma duc de Bénévent et l'envoya prendre possession de l'héritage de son père.

Quand Grimoald arriva, la flotte grecque débarquait en Sicile, conduite par le fils de Didier.

Le duc de Spolète et le gouverneur de Pavie avaient mis leurs troupes sous les armes, et Grimoald y joignit les siennes pour combattre les envahisseurs qui furent taillés en pièces à Capoue.

Dès lors, Charlemagne considéra l'empire de Byzance comme son ennemi, et après lui avoir enlevé tout ce qu'il gardait de territoires sur les côtes de l'Istrie et de la Liburnie, protégea désormais le littoral contre ces tentatives.

Quelque temps après, il envoyait à Rome ses « *libri carolini* » au pape Adrien. Les *livres carolins* étaient un traité composé sous la direction de Charlemagne sur ce qu'il croyait être la foi orthodoxe concernant le culte des images.

Les injures qu'il venait de recevoir de Byzance et une très mauvaise copie des actes du concile de Nicée l'avaient indisposé contre les grecs et persuadé qu'ils étaient passés du vandalisme iconoclaste à la plus basse idolâtrie envers les images saintes.

D'autre part, son opinion différait sur quelques points de celle des pères du concile. L'usage de l'encens et des lampes devant les images lui paraissait un acte d'idolâtrie. Leur exposition en public aux injures du temps sur les chemins ou sur les édifices, lui paraissait presque un sacrilège.

Le pape Adrien sut se tirer avec un tact parfait de ce pas difficile et, en ménageant l'illustre prince, affirmer les conclusions strictes de la foi.

Il lui écrivit à ce sujet une longue lettre, et couvrit les dernières lignes des fleurs du langage le plus élogieux pour la piété et la gloire du conquérant chrétien.

« Votre excellence bénie de Dieu, lui dit-il en terminant, restera ferme dans la foi orthodoxe et dans la tradition pure de la sainte Eglise catholique et romaine dont vous êtes l'illustre défenseur.

» Jusqu'à la fin des âges, on redira votre amour et votre dévouement pour le bienheureux Pierre, prince des apôtres, de même que, par son intercession, votre puissance royale ne trouvera sur son chemin que des victoires.

» Que le bras tout-puissant du Seigneur vous protège contre tous les ennemis, qu'il protège votre règne et votre vie en ce monde, qu'il vous conserve, vous et la reine notre fille spirituelle, qu'il maintienne d'âge en âge votre noble postérité et que tous, après le règne de la terre, vous puissiez régner sans fin dans les cieux.[1] »

(1) S. Adrien, *Lettres à Charlemagne, Patr. lat.*

Il y avait vingt-trois ans que le pape Adrien régnait sur l'Eglise.

En même temps que sa lettre, arriva la nouvelle de sa mort, à Francfort, où se trouvait Charles.

Aussitôt, dans l'émotion de son âme, le roi des Francs prit la plume et composa cette épitaphe pour le tombeau de l'illustre pontife :

« Ici repose le père de l'Eglise, la gloire de Rome, le grand docteur, le bienheureux Adrien.

» Pasteur apostolique, cœur voué au bien, Dieu lui-même était sa vie, la piété sa loi, sa gloire, le Christ.

» Issu d'une longue suite de nobles aïeux, l'éclat de ses vertus dépassa celui de sa naissance. Zélé pour la gloire de Dieu, il élevait partout des temples, mais s'il enrichissait les églises matérielles, il ornait par sa doctrine les temples vivants de l'Esprit-Saint, il ouvrait à tous la route du Ciel.

» Prodigue envers les pauvres, plein de charité et de miséricorde, il passait les nuits à prier pour le peuple et les jours à l'instruire.

» Rome, ville sainte, tête du monde, orgueil de l'univers, c'est lui qui a redressé tes superbes murailles !

» O mort ! toi que le Christ a vaincue, tu n'as pu atteindre ce pontife, tu n'as fait que lui ouvrir la porte d'une vie meilleure ! C'est ainsi qu'en pleurant ce tendre père, moi, Charles, j'essaie de tromper ma douleur. O père, mon doux amour, je te pleure ; souviens-toi de ton fils, ma pensée ne se sépare plus de toi. Règne maintenant avec le Christ dans les royaumes bienheureux du ciel. De quel amour ne t'aimaient pas, toi le meilleur des pontifes, ton clergé et ton peuple !

» Je veux joindre sur ta tombe nos deux noms, Adrien et Charles, toi le père, moi le roi.

» Qui que tu sois qui lis ces vers, qu'un sentiment pieux s'échappe de ton cœur, prie Dieu de faire miséricorde au pontife et au roi et que le fils aille retrouver son père.[1] »

Cette épitaphe poétique fut envoyée à Rome et on la grava sur la tombe d'Adrien, quatre-vingt-dix-huitième successeur de saint Pierre et dont le nom devait fermer glorieusement la troisième époque de l'Eglise.

Ce fut le 26 décembre de l'an 795 que les caveaux du Vatican reçurent la dépouille mortelle de cet illustre pontife.

Charlemagne devait encore fournir une longue carrière de gloire avant de s'engager lui-même sur la pente fatale du tombeau.

(1) Charlemagne, *Poésies*, *Patr. lat.*

TROISIÈME PARTIE

L'EMPEREUR D'OCCIDENT

I

LE NOUVEAU PONTIFE.

Ce fut le jour de Noël, 25 décembre 795, que le pape Adrien passa de ce monde à l'éternité; ce fut le lendemain, jour de saint Etienne, premier martyr, que, d'une voix unanime et par acclamation, le prêtre Léon, chef du vestiaire du Latran, fut élu par tout le collège sacerdotal, évêques et prêtres, ainsi que par tous les optimates et le peuple entier de Rome.

Dès le lendemain, fête de saint Jean-Baptiste, il était ordonné pontife du siège apostolique.[1]

Presque en même temps que la nouvelle de la mort d'Adrien, arriva celle de l'élection de Léon III[2] dans les Gaules.

Le roi Charles venait de remporter une éclatante victoire sur les Huns et, prenant leur capitale d'assaut, était entré en possession des immenses trésors qui y étaient renfermés

(1) *Liber Pontificalis.*
(2) S. Léon III régna de 795 à 816.

depuis Attila et qui étaient les dépouilles même de l'Italie et de l'Europe.

Charles avait fait dans le butin la part du pape et se disposait à lui envoyer les trésors d'art que le « fléau de Dieu » avait enlevés jadis à la ville éternelle.

Ce fut à Léon III qu'il les envoya par son fidèle Angilbert qu'avec toute l'école palatine, il décorait pompeusement du glorieux surnom d'Homère.

Angilbert était, en même temps, chargé d'une lettre pour le nouveau pontife.

Charles y pleurait la mort d'Adrien avec des larmes chaudes et félicitait Léon de son avènement au trône de Pierre. Il priait le nouveau pontife de le considérer comme son fils et lui rappelait les grands intérêts à soutenir pour « l'exaltation de la sainte Eglise de Dieu, la sécurité de son pontificat et l'honneur du patriciat de Rome dont il était lui-même revêtu.[1] »

« Je veux, ajoute-t-il, continuer avec votre sainteté, le pacte conclu avec votre très bienheureux prédécesseur, dans le lien indissoluble de la foi et de la charité, afin que, par vos prières, la grâce divine et la bénédiction apostolique me protègent toujours, et que le siège sacré de l'Eglise de Rome ne cesse d'être efficacement défendu par nos armes.

» C'est à nous, en effet, avec l'aide du Seigneur, de protéger en tous lieux l'Eglise du Christ, au dehors contre les incursions et les ravages des infidèles, au dedans contre la perversité des hérétiques; comme c'est à vous, très saint père, d'élever avec Moïse, vos mains vers le ciel, pour implorer l'assistance de Dieu sur nos armées, afin que le peuple chrétien remporte partout la victoire sur ses ennemis et que le nom de Notre-Seigneur Jésus-Christ soit glorifié dans tout l'univers.[2] »

(1) Charlemagne *Ep. VIII.*   (2) Ibid.

Et en même temps, le roi Charles donnait à son fidèle Angilbert des instructions écrites qui montrent bien quelle intime union dans l'activité pour une même cause existait entre lui et le pape.

« Charles, par la grâce de Dieu, roi et défenseur de la sainte Eglise à son « Homère » chéri, salut.

» Lorsque, par la miséricorde divine, vous serez heureusement arrivé près du Seigneur apostolique, notre pape, entretenez-le des obligations de sa nouvelle dignité, surtout de la nécessité de faire observer les saints canons et régner dans toute la sainte Eglise, l'esprit de piété, de foi et d'édification.

» Tels seront les sujets qu'à l'occasion et selon l'opportunité des circonstances, vous aurez spécialement à traiter. Les honneurs de ce monde passent rapidement ; ils durent quelques années à peine, mais la gloire qu'on acquiert en faisant le bien est immortelle. Attirez son attention sur la plaie de la simonie qui, en divers lieux gangrène le corps de la sainte Eglise et scandalise les fidèles. Faites-lui connaître les autres abus dont nous avons si souvent gémi ensemble, afin qu'il puisse y mettre ordre.

» Vous n'oublierez pas non plus le projet que j'avais concerté avec le bienheureux pape Adrien, son prédécesseur, pour la construction à Rome d'un monastère dédié à saint Paul ; avec l'aide de Dieu, j'espère donner suite à ce dessein et vous charge d'en poursuivre activement l'exécution.

» Allez maintenant en paix, cher petit Homère, travaillez pour la vérité et pour Dieu et revenez-nous en joie.[1] »

En Orient, Constantin Porphyrogénète, tombé dans la folie et la luxure, venait d'être déposé, et l'impératrice Irène rétablie sur le trône à la place de son indigne fils, dont les officiers de l'armée s'étaient saisis et à qui, dans leur indignation, ils avaient crevé les yeux.

(1) Charlemagne, *Epitres IX*.

Ce monstre était ainsi puni d'avoir répudié l'impératrice Marie après une odieuse machination destinée à faire croire que celle-ci avait voulu empoisonner son époux, et d'avoir persécuté cruellement les catholiques dans son empire.

Un grand calme succédait aux agitations du monde entier. Le règne de Jésus-Christ s'étendait jusqu'aux frontières de la Germanie. Les Saxons adoraient le vrai Dieu. L'Europe centrale était pacifiée sous le sceptre d'un grand roi chrétien; l'Espagne était gouvernée par un prince catholique, Alphonse le Chaste, ami de Charlemagne, guerrier vaillant contre les Maures.

Une ère nouvelle de gloire et de prospérité semblait se lever sur le monde.

Quand Angilbert arriva à Rome, Léon III le reçut avec joie et lui montra le monument de la paix qu'il faisait élever au *triclinium* du Latran.

A la voûte de l'abside, une mosaïque à fond d'or représentait l'apparition du Christ éclatant de lumière dans le cénacle à Jérusalem, le jour de sa résurrection.

Une inscription placée à ses pieds relatait ses paroles :

« Allez et enseignez toutes les nations, les baptisant au nom du Père, du Fils et du Saint-Esprit. Je suis avec vous jusqu'à la consommation des siècles. »

De chaque côté de cette scène magistrale, au retour de l'arcade principale, on voyait deux autres scènes représentant la réalisation historique de cette promesse du Christ.

L'une montrait le Christ assis sur un trône, le pape Sylvestre et l'empereur Constantin agenouillés à ses pieds, recevant, l'un la clef apostolique, l'autre le *labarum* surmonté de son monogramme et flammé de pourpre.

De l'autre côté, Pierre était assis sur la chaire infaillible, remettant à Léon III un *pallium*, et à Charlemagne un étendard surmonté d'un fer de lance affectant la forme d'un lys héraldique.

Sous les pieds de l'apôtre on lisait cette inscription :

« Bienheureux Pierre, donne la vie au pape Léon, donne la victoire au roi Charles.[1] »

— Voilà, dit Léon à Angilbert, l'expression de la foi, de la reconnaissance et de l'espérance de l'Eglise. Noble ambassadeur du roi très chrétien, ne l'oubliez pas, c'est le seigneur pape Adrien, mon prédécesseur de sainte mémoire qui l'a dit : « Un second empereur très chrétien, un Constantin nouveau a paru de nos jours. » Et c'est cette parole que ce monument doit exprimer jusqu'à ce que le ciel en fasse une réalité inébranlable et glorieuse.

(1) Ce monument existe encore sur la place du Latran à Rome.

II

CRIME ODIEUX ET MIRACLE ÉCLATANT.

L'esprit du mal veillait dans l'ombre; le démon de la haine, de l'hypocrisie et de la révolte qui fermentait dans l'âme des vaincus, odieux non par leur défaite mais par leurs crimes, avait des affidés ténébreux jusque dans l'entourage du pontife.

L'hydre aux têtes nombreuses qui s'appelait la convoitise spoliatrice et barbare des ducs lombards avait beau recevoir des coups mortels, toujours une tête repoussait dans l'ombre et se dressait ouvertement ou insidieusement, contre ceux qui représentaient l'autorité du fait accompli en faveur de la justice et du droit.

Malgré de grandes tribulations politiques, la personne d'Adrien avait dû, peut-être, à sa noblesse et à l'influence de sa lignée illustre, d'être toujours respectée. A ce pape de sang presque princier, succédait un homme de naissance ordinaire qui n'avait pour lui que sa sainteté et la dignité de son caractère.

On se souvient qu'un duc lombard, le duc de Nepi, avait troublé l'Eglise en asseyant de force son frère Constantin sur le trône pontifical, élection frauduleuse que l'Eglise avait rejetée.

Un Nepi veillait dans l'ombre[1] et tramait un drame de haine, de complicité avec le primicier Pascal et le sacellaire Campulus.

Au seuil des grands événements qui allaient changer la face politique et religieuse par la création prochaine du nouvel empire d'Occident, la Providence eut voulu préparer ce grand fait et l'asseoir sur la base éclatante du miracle.

Le 25 avril 799 devaient avoir lieu les grandes litanies[2] de la fête de saint Marc.

Ce jour-là le pape, entouré de son collège sacerdotal, devait faire les prières solennelles pour la prospérité du peuple chrétien et célébrer la messe pontificale.

La procession s'était mise en marche et le pontife se dirigeait à sa suite vers l'église de Saint-Georges où il devait officier, lorsque le primicier Pascal et le sacellaire Campulus en habit laïque, s'avancèrent au devant de lui et, se prosternant à ses pieds, lui dirent :

---

(1) C'est une supposition des historiens ecclésiastiques pour expliquer l'attentat nouveau qui fut suivi du miracle que nous allons rapporter. Mais les causes vraies de cet attentat n'ont pu être parfaitement élucidées, on sait seulement qu'un Népi en fut l'actif complice.

(2) Nous avons déjà dit que les litanies étaient des prières publiques, du grec λιτανεῖαι et λιταί, en latin *supplicationes*. Ici, il s'agit de notre fête des Rogations. Elles avaient été instituées à Rome par S. Grégoire le Grand en 590, sous le nom spécial de « litanie septiforme, » et devaient être célébrées le VII des calendes de mai (15 avril), par le concours de sept confréries d'hommes et de femmes, qui sortaient de sept églises désignées pour se réunir et prier ensemble publiquement.

On voilait de noir les autels, ce jour-là, et les fidèles prenaient des vêtements de deuil ; de là le nom de *Crucis nigræ* donné ailleurs à cette cérémonie.

Mais bien avant S. Grégoire le Grand on faisait les Rogations, et S. Mamert, évêque de Vienne, contemporain de Sidoine Apollinaire au Ve siècle, passe pour les avoir établies en Occident. Ce n'était pas une innovation : on faisait des litanies sous Constantin. En Afrique, on les faisait du temps de S. Augustin, et S. Jean Chrysostome nous parle de cérémonies semblables.

Toutefois, c'est S. Mamert, puis S. Grégoire le Grand, qui en ont fait une cérémonie périodique.

—Seigneur, pardonnez-nous de n'avoir pas notre *planète*,[1] nous sommes souffrants et ne pourrons peut-être pas assister à toute la cérémonie.

— Relevez-vous, leur dit le pontife, j'agrée vos excuses; demeurez seulement le temps que vous pourrez rester sans nuire à votre santé.

Cet incident n'avait pas été remarqué et les deux com-plices se mirent à marcher à côté du pape qui continua à s'entretenir familièrement avec eux.

Tout à coup, comme on passait en face du monastère des saints Etienne et Sylvestre, récemment fondé par le pape Paul, une bande de sicaires s'élança d'un coin d'ombre où ils étaient embusqués, mirent en fuite l'entourage du pontife que Pascal tenait par la tête et Campulus par les pieds, renversé par terre et sans défense.

Là, ces bandits foulèrent aux pieds l'auguste vieillard avec une rage infernale, ils lui enlevèrent ses vêtements pontificaux, lui crevèrent les yeux, lui arrachèrent la langue et, l'ayant roué de coups de bâton, le jetèrent pour mort devant l'autel de l'église des saints Etienne et Sylvestre, baigné dans son sang.

Léon vivait encore, pourtant, malgré ses affreuses blessures.

Pascal, Campulus et Maurice de Nepi, leur complice, tinrent conseil et, craignant que les serviteurs du pontife ne le fissent enlever secrètement, ils ordonnèrent à leurs satel-lites de le transporter au monastère de Saint-Erasme.

Là ils jetèrent le pontife dans un cachot à la porte duquel ils placèrent des gardes.

Cependant, la Providence veillait sur le martyr et pré-parait son triomphe.

---

(1) C'est ainsi qu'on nommait la chasuble qu'on appelle encore quelquefois ainsi dans certains rituels à formes archaïques. La chasuble en ce temps-là ne ressemblait en rien au type que nous voyons en usage aujourd'hui.

Prosterné dans sa prison, le pape Léon usait de son dernier souffle pour prier, et sa prière était si fervente qu'il sentit soudain l'intervention du ciel.

Cependant, le bruit de l'attentat et de ses suites s'était promptement répandu.

Le cubiculaire Albinus avait aussitôt recruté une troupe armée et s'avançait vers le monastère.

Il n'eut pas de peine à en forcer les portes et le pontife fut porté triomphalement à la basilique vaticane où le peuple suppliait Dieu dans les larmes.

Tous connaissaient le traitement odieux qu'il venait de subir, tous savaient que les assassins avaient ravi au pontife l'organe de la vue et celui de la parole.

Ce fut une immense pitié qui saisit tous les cœurs, lorsqu'on le vit sanglant et défiguré s'avancer vers la Confession du prince des apôtres.

Mais, tout à coup, d'une voix vibrante, au milieu du silence, le peuple qui n'en pouvait croire ses sens, l'entendit entonner les paroles du psaume :

« *Benedictus Dominus Israel, qui facit mirabilia magna solus et non deseruit sperantes in se.*[1] »

Aussitôt, la foule s'écria :

« *Dominus, illuminatio mea et salus mea, quem timebo? Dominus defensor vita meœ, a quo trepidabo?*[2]

» *Lucerna pedibus meis verbum tuum, Domine, et lumen semitis meis.*[3] »

Si de nobles cicatrices attestaient les luttes du martyr, son corps broyé par les coups était rétabli dans une vigueur

---

(1) Ps. xxxv. Béni soit le Seigneur Dieu d'Israël qui seul fait des miracles magnifiques et n'a pas abandonné ceux qui espèrent en lui.

(2) Ps. xxvi. Le Seigneur est ma lumière et mon salut, qui craindrais-je ? Le Seigneur garde ma vie ; qui peut me faire trembler ?

(3) Ps. cxviii. Seigneur, votre parole sert de lampe à mes pieds, elle est la lumière des chemins que je suis.

parfaite, ses yeux avaient recouvré la lumière et sa langue mutilée était rendue à sa bouche.

Le peuple était ivre de joie à la vue du prodige, et bientôt tous les échos de Rome en clamèrent les détails aux oreilles des sicaires épouvantés, dont les partisans répandus dans la ville y brûlaient tous les édifices qui tombaient en leur pouvoir et qu'ils croyaient la propriété de l'Eglise ou des amis du pontife.

Mais la confusion était dans leurs rangs et ils étaient près de s'égorger entre eux.

Bientôt, les provinces connurent l'attentat et le miracle.

Déjà le duc de Spolète, Winichis, accourait à Rome avec son armée au secours du pontife dont il n'avait encore appris que les douleurs.

A sa vue, il demeura un instant frappé de stupeur, puis il se prosterna à ses pieds comme aux pieds du plus vivant témoignage de la présence de Dieu.

En triomphe, comme un vainqueur des anciens jours, le pontife fut conduit à Spolète au milieu d'un immense concours d'évêques, de prêtres et de fidèles accourant sur sa route de toutes les cités voisines pour contempler cette merveille et louer Dieu en acclamant son vicaire miraculé.[1]

---

(1) Nous avons reproduit ici la notice du *Liber Pontificalis*, relative à cet événement.

L'authenticité de ce miracle est attestée par Alcuin, (*Ep. CIX*) les annales de Metz, de S. Bertin, enfin Eginhard qui a composé des vers sur ce sujet. Le seul historien de l'époque, S. Théophane qui habitait alors Byzance et par conséquent n'est pas témoin oculaire dit que « les bourreaux mirent une certaine miséricorde dans leur cruelle opération et que le pontife conserva ainsi quelque rayon de lumière » il avait dit auparavant que le pape avait eu « les yeux crevés dans une émeute populaire. » Il y a contradiction entre un œil crevé et un œil qui voit encore. Les Bollandistes attestent le miracle (*Actes de S. Léon III. 12 juin.*) Enfin, la Congrégation des Rites en 1673, après un long examen des pièces de ce procès a déclaré le miracle authentique et ordonné d'en faire mémoire au martyrologe romain.

Il est certain que le fait produisit une émotion immense en Italie et dans les

Mais Léon, après quelques jours de repos à Spolète, comprenant sans doute la gravité d'une situation que révélait de tels événements, annonça son prochain départ.

Il se tournait vers la France où brillait l'invincible épée de l'Eglise.

Gaules à cette époque, et qu'aucun des innombrables témoins du temps n'élève aucun doute à ce sujet. Un hisotrien célèbre de nos jours, Fleury, n'a pas vu là un miracle positif, mais dit que le pape échappa par miracle aux efforts faits par ses bourreaux pour le mutiler.

III

LE VOYAGE ET LE RETOUR.

Alcuin était alors retiré dans son monastère de Tours, ce fut Charles qui lui fit connaître ces événements en lui demandant ce qu'il en pensait.

— Il y a dans ce monde, répondit le savant moine, trois dignités sublimes : la première est la dignité apostolique, et vous venez de m'apprendre l'attentat commis contre sa sublimité sacrée ; la seconde est la dignité impériale dont le trône est à Constantinople, la nouvelle Rome ; tout l'univers connaît le sort actuel du fils d'Irène, l'empereur Constantin VI ; la troisième est la dignité royale dans laquelle le Christ vous a établi pour régir le peuple chrétien. Votre pouvoir est sans égal, votre sagesse incomparable, votre prestige irrésistible.

« Sur vous seul repose maintenant le salut des églises du Christ, vous, le vengeur des crimes, le guide des errants, le consolateur des affligés, la joie des bons, la terreur des méchants.

» Jadis Rome donnait l'exemple de la piété, voici qu'elle épouvante le monde par des forfaits inouïs. Des scélérats ont crevé les yeux de leur père, de leur chef. Ce chef, il faut le secourir. Qu'on apaise la rage de ce peuple féroce sans l'exaspérer par des menaces inopportunes, mais qu'on réserve aux coupables le châtiment qu'ils n'ont que trop mérité.[1] »

— Allez à Rome en mon nom, lui écrivit Charles, et appliquez-y les mesures que vous indiquez avec tant de sagesse.

— Je suis vieux et infirme, répondit Alcuin, des douleurs chroniques me brisent les membres, je ne crois pas que mon misérable corps puisse résister à un voyage si lointain et si laborieux, sans cela, j'accepterais avec empressement. Mais, pour cela, je supplie votre paternelle et bienveillante clémence de me laisser parmi mes frères de Saint-Martin de Tours, prier avec eux pour le succès de l'entreprise.[2]

« Le roi Charles était campé à Paderborn, avec son armée, dans une vaste plaine arrosée par la Lippe. La tente du grand roi s'élevait sur une éminence d'où le regard embrassait les campagnes couvertes de soldats comme d'une moisson animée.

» On introduisit devant Charles un envoyé de « l'apostolique[3] » annonçant que le pontife le suivait de près.

» — Seigneur, s'écria-t-il, je précède de peu le vénérable seigneur pape Léon qui accourt vers votre sérénité, chassé de Rome et de son siège par ses propres sujets; il a été flagellé, meurtri de coups; on lui a crevé les yeux, arraché la langue, mais Dieu a subitement guéri ses blessures et il arrive sain

(1) Alcuin, *Ep. XCIV.*

(2) Alcuin, *Ep. CIX.*

Il existe à l Abbaye d'Einsidlen un portrait authentique d'Alcuin où on peut voir qu'il avait la taille médiocre mais d'heureuses proportions, ses yeux y sont grands et creusés par le travail. (D'après Monnier. *Alcuin et Charlemagne.*) Cit. de Darras.

(3) Terme souvent employé dans les chroniques d Orient et d'Occident pour désigner le pape et signifiant non seulement sa personne privée mais en même temps son carctère pontifical. La présente citation est tirée des Bollandistes. *Actes de S. Léon III.*

et sauf, miraculeusement sauvé des mains de ses ennemis.

» — Dieu soit loué, dit Charles.

» Aussitôt, il manda son fils Pépin et lui ordonna de partir sur-le-champ avec l'archichapelain Hildebold, le comte Arcarius et cent mille guerriers, à la rencontre du pasteur des pasteurs.[1] »

« Léon arrivait, en effet, accompagné des optimates, de nombreux évêques, prêtres et primats du clergé d'Italie qui avaient voulu le suivre dans ce lointain voyage.[2] »

« Bientôt l'armée de Pépin rencontra le cortège du pontife.

» A la vue de cette immense quantité de guerriers qui couvrait tous les champs environnants, Léon leva les mains au ciel et pria avec ferveur pour le peuple des Francs.

» L'armée entière se jeta à genoux devant le souverain prêtre et l'immense multitude prosternée reçut la bénédiction apostolique.

» Le pape s'approcha alors du jeune roi Pépin et, le pressant dans ses bras, le couvrit de baisers.

» En ce moment arrivait Charles avec le reste de son armée formant une procession imposante, à la fois religieuse et militaire.

» En tête, marchaient les prêtres et les clercs divisés en trois chœurs, vêtus de longues aubes éclatantes de blancheur et portant les étendards sacrés de la croix.

» Dès que le roi Charles eut vu le pape embrasser son fils, il fit déployer les soldats et le peuple en un cercle immense dans la plaine, par groupes et par escadrons séparés, de sorte qu'on eut dit les quartiers d'une grande cité dont les édifices auraient été des hommes vivants.

» Alors, se plaçant au centre de cette gigantesque cou-

(1) Bollandistes, *loc. cit.*
(2) *Liber pontificales.*

Léon posa sur sa tête un diadème impérial, resplendissant des feux
de mille pierreries. (P. 149.)

ronne et dominant de la tête tout ce peuple assemblé, il attendit que le pontife vînt le joindre.

» Léon se mit en marche.

» Il passa à travers les bataillons, plein d'admiration pour la diversité des costumes, du langage et des armes, la variété de tant de races réunies des points les plus reculés du monde.

» Enfin, il arriva au milieu du cercle; Charles, alors, se prosternant devant lui, lui baisa les pieds. Le pape releva le roi et tous deux s'embrassèrent.[1] »

« D'une voix vibrante d'émotion et pleurant de joie, on entendit le pontife qui chantait :

« *Gloria in excelsis Deo!* »

» Aussitôt, les clercs continuèrent l'hymne sacrée, et quand le chant fut terminé, Léon pria, l'immense multitude se prosterna dans la poussière et le pontife donna solennellement la bénédiction apostolique.[2] »

« Se tenant ensuite par la main, le roi et le pape marchèrent au milieu du cercle vivant et immense en s'entretenant familièrement.

» Trois fois encore l'armée se prosterna et trois fois le pontife, élevant au ciel sa prière et sa voix vénérée, bénit la multitude.

» Alors, le roi, père de l'Europe et le souverain du monde, purent se parler en liberté. Charles demandait les détails des atroces forfaits commis par la populace de Rome et, en entendant le récit de la bouche de Léon, il ne pouvait se lasser de contempler ces yeux naguère fenêtres brisées et où maintenant étaient revenus les rayons de la lumière, cette langue tranchée par le fer et qui avait recouvré la parole.

» C'était un spectacle émouvant que celui du roi fixant ses yeux sur les yeux miraculés du pontife.

(1) Bollandistes, *loc. cit.*
(2) *Liber pontificales.*

» Ils se dirigèrent alors vers la basilique, au chant des prêtres qui célébraient la gloire de Dieu en alternant leur voix dans une suave mélodie, rendant grâces au Créateur dont la puissance opérait de tels prodiges.

» Quand le pontife et le roi entrèrent dans la basilique, l'immense multitude poussa des acclamations d'allégresse qui ébranlèrent les airs et éveillèrent les échos des bois et des montagnes lointaines.

» Léon célébra la messe; puis, le pape et le roi prirent place à un festin d'honneur, pendant que l'armée et le peuple répandus sous les tentes, mêlaient leur joie à celle de ces deux colonnes du monde.[1] »

Spectacle grandiose et solennel dans son enthousiaste majesté, qui auréolait le pouvoir d'un rayonnement divin aux yeux des populations émerveillées et en inspirait pour longtemps le respect à leurs cœurs tout vibrants des émotions sacrées.

Charles venait d'achever à Ehresbourg, la construction d'une immense basilique, au lieu même où il avait détruit dix-huit ans auparavant la fameuse statue d'Irmensul.

Le pape fit la consécration solennelle du maître-autel et y établit un évêque, enrichissant le domaine de la basilique, à perpétuité, de privilèges temporels et spirituels consignés dans une bulle rédigée sur le lieu même.

Cependant, les ennemis du pape ayant appris, en Italie, son heureuse arrivée dans la Gaule et les honneurs extraordinaires qui lui étaient rendus, furent effrayés.

Ils voulurent parer aux représailles et, bientôt, arrivèrent à Paterborn des émissaires de Pascal et de Campulus, qui osèrent porter contre le pontife, devant le trône du roi Charles, et pour des crimes imaginaires, une accusation juridique.

(1) En 799. Bollandistes, *loc. cit.*

Le roi des Francs fut un instant perplexe, à cause du caractère de cette accusation, caractère de nature à appeler une procédure légale.

Le roi Charles convoqua alors une assemblée nationale composée de tous les archevêques, évêques, dignitaires ecclésiastiques, leudes et seigneurs francs.

Mais, à peine les accusateurs furent-ils introduits que l'assemblée tout entière éclata en acclamations en l'honneur du pontife et, conspuant les envoyés de Pascal et de Campulus, s'écria qu'il fallait reconduire à Rome avec les plus grands honneurs le pape Léon et le rétablir sur son trône pontifical.

— Le Ciel lui-même, s'écria Charles, s'est fait garant par un miracle de l'innocence du seigneur-pape et nous le proclamons à la honte de nos ennemis. Nous voulons et ordonnons que le vénérable pontife indignement outragé, soit rétabli sur-le-champ sur la chaire de saint Pierre et sur le trône de Rome dont l'émeute criminelle l'a un instant éloigné.

D'immenses acclamations saluèrent ces paroles du héros tout-puissant.

Quelque temps après, un immense et glorieux cortège se mit en marche pour reconduire en triomphe le pape Léon dans la ville éternelle.

Sa marche était protégée par une troupe d'élite commandée par les trois vaillants comtes Francs Elmagetus, Rothgaire et Germanus. L'archichapelain, archevêque de Cologne, Hildebold, et les évêques Anno de Saltzbourg, Bernard de Warnes, Otto de Trisingen, Jessé d'Amiens et Cuniberg, représentaient auprès de Léon l'élite de l'Eglise des Gaules.

Sur le parcours du triomphal cortège, les populations, en foule, accouraient de toutes parts pour demander la bénédiction apostotique, et dans chaque province, dans chaque ville, des foules entières, gagnées par l'enthousiasme, quittaient tout et se joignaient au cortège pour le suivre jusqu'à Rome.

Ce fut le 28 novembre[1] que la population de Rome apprit le retour de son pasteur, c'était la veille de la fête du saint martyr André.

« Tout le collège sacerdotal, le clergé, les optimates, le sénat, la milice, le peuple tout entier, les religieuses, les diaconesses, les nobles matrones et toutes les jeunes chrétiennes, les écoles des nations étrangères, des Francs, de la Frise, de la Saxe, de la Lombardie vinrent au devant du pontife et se rangèrent pour l'attendre, au-delà du pont Milvius,[2] avec des étendards et des bannières.

» Au chant des hymnes et des cantiques, le pape Léon fut conduit à la basilique vaticane où il célébra pontificalement la messe et communia la multitude.

» Le lendemain, au milieu des transports de la même allégresse, il fut conduit du Vatican en triomphe au palais apostolique du Latran.

» Pendant les huit jours suivants, les illustres envoyés ecclésiastiques et militaires de Charlemagne firent une enquête approfondie sur les attentats perpétrés contre le pape Léon. Interrogés, les coupables et leurs principaux complices ne purent se justifier et ils furent envoyés en France, répondre de leurs crimes au tribunal du roi très puissant.[3] »

(1) De la même année 799 dit le *Liber pontificales*.
(2) Le Ponte-molle actuel.
(3) *Liber pontificales*.

IV

LE SEUIL DU IXe SIÈCLE.

L'infatigable héros parcourait sans se reposer, son immense empire ; d'une part, sachant que la stabilité des cours prépare, dans la mollesse, la ruine des monarchies, d'autre part, incessamment obligé de montrer partout son prestige personnel pour imposer et maintenir son joug sur la turbulence de tant de peuples hétérogènes.

On était à la première année du neuvième siècle, la paix régnait dans toutes les Gaules et, d'un bout à l'autre du monde, tous les peuples s'inclinaient au nom du roi Charles-le-Grand.

« Le second royaume des Huns, fixé, depuis Attila, dans les plaines de la Pannonie, avait cessé d'exister pour devenir une province franque ; le futur empire d'Autriche était annexé aux Etats de Charlemagne sous le nom dé *Marca orientalis*.[1] Les îles Baléares, abandonnées par l'impuissance byzantine aux ravages des Sarrazins, étaient placées sous la protection du grand roi. Une garnison franque s'y établit et une députation apporta à Charlemagne, les

(1) Marche ou frontière orientale.

étendards conquis sur les fils de Mahomet, dans l'île de Majorque. En même temps, le nouveau gouverneur d'Huesca, Azan, apportait les clefs de cette ville et prêtait serment de foi et d'hommage entre les mains du roi très chrétien.

« Le comte Nido, successeur du célèbre Roland dans la préfecture des marches de Bretagne, avait désarmé tous les chefs bretons, jusque-là restés rebelles. Chacun d'eux lui avait remis une armure de guerre et, en leur nom, il déposait des glorieux trophées au pied du trône de Charlemagne.

« Enfin, un député du patriarche de Jérusalem, le moine Zacharie, venait de Palestine, offrir au grand roi des reliques du tombeau de Jésus-Christ et implorer sa protection pour les lieux saints et Charlemagne envoyait, à son tour, des ambassadeurs chargés d'intervenir en faveur des chrétiens auprès du calife Haroun-al-Raschid.[1] »

D'autre part, Charlemagne parcourait le littoral de l'océan, que menaçaient de nouveaux ennemis d'autant plus dangereux qu'ils étaient insaisissables, les pirates normans.[2] Il fit équiper une flotte, et, après avoir disposé des garnisons sur toute la côte, vint célébrer la fête de Pâques à Centulum,[3] au monastère de Saint-Ricquier. Il fit de Centulum une place forte dans les murs de laquelle s'élevaient trois somptueuses basiliques.

Ce fut à cette époque que mourut la reine Luitgarde qui l'accompagnait dans ce voyage. La jeune et belle épouse du

(1) Darras. *Hist. de l'Eglise.*

(2) C'est-à-dire des hommes du Nord, qu'il ne faut pas confondre avec nos bons Normands actuels.

(3) Centule est aujourd'hui le bourg de Saint-Ricquier en Ponthieu non loin d'Abbeville. La célèbre Abbaye de Saint-Ricquier est aujourd'hui occupée par le petit Séminaire du diocèse d'Amiens. L'église de l'abbaye est curieuse et on conserve dans le trésor plusieurs souvenirs de Charlemagne au nombre desquels un bâton de chantre dont il se serait servi et des canons d'autel gravés sur argent dont il aurait fait don à la basilique.

héros fut pleurée de tous et Alccuin lui fit une touchante et élogieuse épitaphe.

A sa mémoire, son auguste époux voulut élever un somptueux monastère pour remplacer l'agglomération de cabanes que le solitaire Benoît d'Aniane avait construites pour lui et ses frères dans son domaine paternel. Le cloître en fut soutenu par une colonnade de marbre et décoré de sculptures et de fresques. Deux basiliques furent élevées dans l'intérieur de l'abbaye et une troisième au centre du cimetière, comme un monument éternel de la mort de Luitgarde.

Non content d'élever cette splendide abbaye à Aniane, le jour même de la mort de la reine, Charles avait signé un diplôme pour l'érection d'un monastère à Cormery, suffrageant de l'abbaye de Tours où la jeune reine était ensevelie.

Reprenant alors par Orléans et Paris la route d'Aix-la-Chapelle, Charles revint en cette ville préparer la grande assemblée des Francs, qui devait se tenir au mois d'août de l'an 800, à Mayence, il y déclara son intention de retourner en Italie, assurer par sa présence la sécurité du pape Léon III à Rome, juger ses bourreaux sur le lieu même de leur crime et réduire à l'obéissance le duc de Bénévent.

C'était Grimoald, le fils d'Arigise, jadis otage de Charles et rétabli par lui dans l'héritage paternel, déjà ingrat envers son souverain et son bienfaiteur qu'il avait jadis, en pleurant, appelé son second père.

Lui aussi avait été bientôt séduit par la perfidie byzantine et lombarde.

Il avait commencé par faire frapper des monnaies à la double effigie de Charles et de lui-même et, peu à peu, s'était montré hostile sur les territoires pontificaux.

Charles partit à la tête de son infatigable armée et accompagné de son fils Pépin, roi d'Italie, arriva à Ravenne.

Il s'y reposa une semaine, puis, laissant Pépin avec la plus grande partie de ses troupes, marcha sur Bénévent, il prit, avec le reste de ses guerriers, la route de la ville éternelle.

Le pape Léon, en apprenant son arrivée, sortit de Rome accompagné d'une foule immense, et vint à sa rencontre jusqu'à Nomentum,[1] au deuxième milliaire de la ville. Un grand festin y avait été préparé auquel prirent place le pape et le roi.

Puis Léon retourna à Rome pour y organiser l'entrée triomphale du héros, le lendemain 24 novembre.[2]

Ce jour-là, toute la milice romaine, étendards au vent, suivie du clergé avec ses propres bannières et du peuple entier en bon ordre, allèrent à la rencontre du roi Charles, en chantant des hymnes d'allégresse.

En haut des degrés de la basilique vaticane, le pape, debout et entouré d'évêques, attendait.

Quand Charles arriva au bas des degrés et fut descendu de cheval, Léon vint à sa rencontre et tous deux montèrent jusqu'à la plateforme du portique où ils se prosternèrent ensemble pour prier.

Puis, ils se relevèrent et entrèrent dans la basilique du prince des apôtres, au milieu des chants de joie et d'actions de grâces de la foule.[3]

Devant ce peuple exubérant de joie qui, aujourd'hui l'acclamait et hier applaudissait à l'émeute et faisait chorus avec les bourreaux du pontife, Charles ressentit cette impression d'immense et de profond dédain, de dégoût et de pitié sans bornes, qui répand une ombre d'amertume sur le pur horizon des grandes âmes obligées de frôler de leurs ailes idéales les visqueuses nageoires des hommes du torrent; mais il dissimula, et parut, pendant ces huit jours, tout

(1) Lamentana.
(2) Année 800.
(3) Eginhard. Annales pour l'an 800.

entier aux fêtes éclatantes qui se donnaient en son honneur.

Alors, il convoqua dans la basilique vaticane le peuple romain tout entier et, lui-même, avec le pape, prit place sur une estrade entourée des archevêques, évêques, abbés et grands dignitaires d'Italie et des Gaules, des leudes francs de sa suite, du sénat et des patriciens de Rome.

Quand l'immense et imposante assemblée fut réunie, le héros prit la parole :

— Le motif de mon voyage et de ma présence, dit-il, est surtout de rechercher les auteurs de la sédition parricide, dont le seigneur pape Léon a été la victime.

« Léon aurait pu se renfermer dans un noble silence, mais il consent, pour son propre honneur et pour celui du siège sacré qu'il occupe, à ce que l'on procède à la plus minutieuse enquête. Il veut que ses accusateurs, s'il s'en présente, soient publiquement entendus. »

Aussitôt, tous les ordres du clergé déclarèrent solennellement et à l'unanimité :

— Il ne nous est pas permis de juger le siège apostolique institué par Notre-Seigneur lui-même pour être le chef de toutes les autres églises.

» Nous relevons tous de son jugement, mais il ne peut être jugé par personne. Tels sont l'usage et la tradition de tous les siècles.[1]

» Cependant, nous voulons, selon les constitutions et les

---

(1) Les accusations des ennemis de S. Léon étaient, on le voit, très graves. Quant à la tradition sur le mode de justification du Siège apostolique, en des cas remarquables, elle est essentiellement antique. Sous Dioclétien le pape S. Marcellin qui, trompé sur les intentions de l'empereur avait, en consentant à brûler de l'encens dans un temple païen, plongé dans la douleur toute l'Eglise de Rome, fut invité par le Collège sacerdotal à se juger lui-même en vertu du principe énoncé ici. Il confessa son erreur à genoux et dans les larmes sur le sol des catacombes et courut au martyre. Il faut lire cette scène poignante dans le *Liber pontificalis* et le *Bréviaire* pour comprendre quel a toujours été le respect de l'Eglise pour la Chaire de S. Pierre.

lois ecclésiastiques, obéir en tout à ce que le vicaire de Jésus-Christ croira devoir nous ordonner. »

Alors, le pape Léon se leva et, au milieu du silence, prononça ces paroles :

— Je veux suivre l'exemple de ceux de mes vénérables prédécesseurs qui furent comme moi l'objet d'accusations calomnieuses. En conséquence, je suis prêt à me justifier de toutes et chacune des fausses imputations qui ont été si odieusement dirigées contre moi.

Mais aucun des calomniateurs ne releva le défi.

Le lendemain, l'assemblée se réunit de nouveau sans qu'un accusateur ait paru davantage.

Alors, le pape prit le livre des Evangiles et monta à l'ambon où, après avoir fait le signe de la croix, il parla ainsi :

— On ne sait que trop, frères bien-aimés, et l'univers en a retenti, les tragiques événements dont Rome a été le théâtre.

« Des séditieux se sont insurgés contre moi, ils ont porté sur ma personne leurs mains sacrilèges et m'ont chargé des griefs les plus infamants.

» Tel est le motif qui amène dans cette ville le très clément et sérénissime roi Charles avec les évêques et les optimates de ses états.

» Or moi, Léon, pontife de la sainte Eglise romaine, sans être jugé ni contraint par qui que ce soit, je viens spontanément, de ma propre volonté, attester et jurer ici ma complète innocence, devant vous tous, devant Dieu qui connaît le fond des cœurs, devant ses anges, devant le bienheureux Pierre, prince des apôtres, sur le tombeau duquel nous sommes assemblés.

» Je déclare, et j'en fais le serment, que je n'ai commis ni voulu, ni fait commettre jamais aucun des crimes, aucune des scélératesses dont on m'a gratuitement et faussement accusé.

» J'en prends à témoin Dieu qui nous entend en ce moment, et qui, un jour, doit nous juger tous. J'ai voulu prêter ce serment solennel afin de mettre un terme à d'injurieux soupçons, mais je déclare qu'en me déterminant à cet acte, je ne prétends en rien créer un précédent ni imposer pour l'avenir aucune obligation de ce genre aux pontifes romains mes successeurs, pas plus qu'à mes frères, les évêques des diverses églises de Jésus-Christ.

» Je veux seulement faire disparaître du milieu d'entre vous les pensées de rébellion qui pourraient subsister encore au fond des cœurs.[1] »

Le pape se tut et descendit de l'ambon.

Aussitôt, d'immenses acclamations emplirent la basilique, en l'honneur du Christ, de la Vierge, des apôtres et de tous les saints.[2]

Le jour même, l'ambassadeur Zacharie qui, l'année précédente, était venu implorer la protection de Charlemagne et avait été renvoyé par lui solliciter la protection du Calife Haroun-al-Raschid, en faveur des chrétiens de son empire, arriva à Rome, accompagné de deux moines orientaux, envoyés par le patriarche de Jérusalem.

Ils apportaient en présent à Charlemagne, de la part du Calife, un étendard de soie brodée d'or et les clefs du saint sépulcre, dont le Calife cédait à perpétuité la possession au roi Charles et à ses successeurs.

— Voici, seigneur, dirent les ambassadeurs, ce que nous avons mission de vous dire : le Calife nous a dit que, de tous les princes portant couronne dans le monde entier, le seul dont il ambitionnait l'alliance et l'amitié, était le roi Charles, parce qu'il était le seul digne.

« A un roi chrétien, a-t-il ajouté, le présent le plus

(1) D'après *l'Histoire des pontifes romains, Patr. lat*, t. ccxiii.
(2) 15 décembre 800.

agréable que je puisse offrir, ce sont les clefs du saint sépulcre. Portez-les lui de ma part et dites-lui qu'en toute occasion, il peut compter sur le fidèle dévouement d'Haroun-al-Raschid, fils de Mohammed-al-Mahdi. »

C'est ainsi que le présent tient les secrets de l'avenir et qu'en ce jour, un esprit lucide eut pu raconter d'avance à des gens qui l'eussent traité de Cassandre, la future épopée des Croisades.

V

LA NOËL A SAINT-PIERRE.

Cependant, le pape avait un grand dessein inconnu du roi Charles[1] et dont la Providence allait permettre la pleine réalisation.

L'empire de Byzance était entre les mains d'une vieille impératrice, que la rumeur publique accusait d'être une nouvelle Athalie. Rome, métropole de l'empire et résidence officielle des anciens Césars, n'avait plus d'autre défenseur que Charlemagne, dont l'épée lui avait donné une indépendance parfaite. C'était à Charles qu'en Italie, dans les Gaules, en Germanie, tout obéissait ; actuellement la ville et la campagne de Rome était le théâtre de la plus magnifique réunion de peuples divers que l'on eut jamais vus ensemble.

L'armée de Charles était composée d'une foule de guerriers Allemands, Avares, Huns, Boariens, Saxons, Frisons, Bavarois, Aquitains et Wisigoths d'Espagne.

Toutes les races occidentales étaient représentées dans

(1) Plusieurs témoignages très explicites de l'époque, notamment celui d Eginhard, affirment que Charlemagne n'avait nullement l'idée pourtant si naturelle de se faire couronner empereur d'Occident et que s'il eut connu les projets du pape il s'y fut formellement opposé.

cette multitude, augmentée encore de l'armée du jeune roi Pépin, revenue de Bénévent et d'une foule d'étrangers arrivés à Rome, de tous les horizons pour contempler le grand roi.

De plus, l'Orient était représenté par la double ambassade de Byzance, annonçant la restauration d'Irène, et celle d'Haroun-al-Raschid, le Bosphore et le Tigre, Constantinople et Bagdad.

Entourage magnifique pour le berceau d'un empire! Léon le pensa et il assembla sans en rien dire au roi, tous les évêques du monde présents à Rome et les patriciens de la cité éternelle, pour leur demander leur avis.

A l'unanimité, ils furent d'avis que le pape Léon avait été éclairé d'une idée géniale et qu'il fallait que Charles fut sacré empereur.

L'heure était donc venue de ce triomphe et de cette gloire de la papauté enfin souveraine; après avoir, au prix de huit siècles d'efforts, de douleurs, de martyre et de constance, désagrégé toutes les institutions de l'ancien monde et, peu à peu, créé un monde nouveau, le pape se voyait placé comme sur un promotoire idéal entre la personnification de ce nouveau monde, dans une tête gigantesque, royale et unique et le dernier débris de ce passé, dans un fantôme impérial à demi dévoré par la pourriture du bas-empire; il était le maître absolu de la vie du monde, il allait, du pied, pousser dans l'abîme du fini le fantôme agonisant encore et créer dans la personne du roi fort et unique, une formule impériale nouvelle et, cette fois, adéquate à toutes les vues de l'Eglise.

En inaugurant le saint empire d'Occident, le pape allait, par son autorité créatrice acceptée, assurer au siège apostolique pour toute la durée de l'empire qu'il fondait, un droit inaliénable sur cet empire lui-même, une autorité directe, souveraine, absolue, sur les héritiers futurs de la couronne carolingienne.

Tel était le vaste plan de Léon III.

La joyeuse nuit de Noël arriva, nuit deux fois solennelle pour l'Occident et pour la France, car elle avait vu, quatre siècles auparavant, naître le royaume de France, dans les ondes du baptistère de Reims et elle allait voir sous le ciborium de Saint-Pierre au Vatican, naître le saint Empire Romain d'Occident.

C'était César, c'était Constantin, c'était Clovis, c'était Charlemagne...

L'immense basilique, avec ses dépendances, s'était emplie de la foule des évêques, du clergé et du peuple venus pour célébrer le mystère de la divine incarnation.

Des acclamations retentirent, c'était Charles qui entrait et se dirigerait vers l'autel papal.

Le pontife attendait.

Charles se prosterna devant le ciborium et fit sa prière. Mais, comme il se relevait et se retournait pour saluer les assistants, soudain, Léon posa sur sa tête un diadème impérial, resplendissant des feux de mille pierreries.

Aussitôt, comme une tempête déchaînée, les cris de la foule l'acclamèrent avec un enthousiasme délirant :

— Vive Charles-Auguste! Vie et victoire au grand et pacifique empereur des Romains! Il est couronné par Dieu lui-même!

Longtemps, longtemps, on n'entendit que des acclamations répétées par tous les échos du Vatican.

Charles attendait pour parler que le silence se fut rétabli dans l'immense enceinte.

Enfin, il put parler et il dit :

— Je vous prends tous à témoins que si j'avais soupçonné l'intention du seigneur pape, malgré la solennité de ce grand jour, je me serais abstenu de paraître dans la basilique.

Une nouvelle explosion d'acclamations accueillit ces paroles :

— Vive Charles Auguste! Vive l'élu de Dieu et du bienheureux Pierre!

Quand Charles put placer quelques mots au milieu de ce tumulte, il parla des dangers politiques qu'une pareille proclamation allait faire naître.

Il n'avait pas oublié, en effet, la haine des grecs contre lui. Il se souvenait avec quelle insolence, un jour, des ambassadeurs de Byzance avaient osé lui dire que l'empereur d'Orient regrettait que la distance ne lui permit pas de secourir l'indigence de la cour d'Aix-la-Chapelle.

A quoi Charles avait répondu avec fierté :

— Ce misérable lac qu'on appelle la Méditerrannée est, en effet, un obstacle; sans lui, vous pouvez être sûrs que l'excès de vos richesses ne vous gênerait pas longtemps, car je me chargerais de vous en débarrasser.

Tout cela, il le disait à l'immense assemblée, mais par phrases hâchées, interrompues incessamment par les acclamations.

On eut dit qu'il luttait contre la tempête implacable de la gloire, contre la conjuration sans merci du triomphe.

Enfin, à bout d'arguments et ne pouvant lutter davantage contre cet ouragan populaire qui le portait à l'empire, déchaîné par le génie pontifical, il fit signe qu'il voulait dire un dernier mot.

On se tût à grand'peine, et il acquiesça à son illustre destinée.

— Je ne puis, dit Charles, résister aux vœux unanimes du peuple chrétien tout entier. En toute humilité, je me soumets donc à la volonté de Dieu exprimée par son vicaire, par les évêques et votre assemblée tout entière.

Une nouvelle salve d'applaudissements, de cris d'allégresse, de louanges et d'actions de grâces répondit à ces paroles d'adhésion.

Aussitôt, on lui présenta à revêtir les vêtements traditionnels des empereurs romains, la longue tunique, la chlamyde de pourpre et la chaussure romaine.

Charles prit ces insignes au milieu des acclamations prolongées qui le saluaient Auguste.

Après ces « laudes » d'un nouveau genre, le pontife versa sur la tête du nouvel empereur l'huile du sacre et l'adora à la manière antique.[1]

Charles prononça alors le serment solennel entre les mains du pape.

— Au nom du Christ, je promets et jure, moi Charles empereur, devant Dieu et le bienheureux Pierre, apôtre, d'être en toutes circonstances le défenseur et le protecteur de cette sainte Eglise Romaine autant que je le saurai et pourrai faire, avec l'aide de Dieu.[2]

On chanta la litanie et le pape Léon célébra la Messe pontificale, après laquelle le nouvel empereur d'Occident fit de riches offrandes aux insignes basiliques de Rome.

A saint Pierre, il offrit une table d'argent massif, pour l'autel papal, un service complet de vases d'or pour la *Confession*, une couronne d'or enrichie de gros diamants du poids total de cinquante-cinq livres, une patène d'or enrichie de pierreries pesant trente livres, un grand calice à deux anses de cinquante-huit livres, et deux autres de trente-huit livres chacun.

Une autre table d'argent massif fut placée devant l'autel de la Confession, elle pesait cinquante-cinq livres et était

(1) Eginhard. Dans l'antiquité et ici, le mot adorer *(ad os movere)* signifie faire acte de respect. Baiser la frange du manteau d'un grand personnage, c'est-à-dire la porter respectueusement à ses lèvres est faire acte d'adoration. Il est inutile de remarquer qu'il ne saurait être question ici d'une adoration latreutique qui n'est due qu'à Dieu.

(2) Cette formule retrouvée par Baronius dans l'antique *ordo romanus* et par Cenni dans plusieurs manuscrits du Vatican a été depuis usitée au sacre des empereurs successeurs de Charlemagne.

chargée de vases d'une grandeur et d'une magnificence extraordinaires.

A la basilique du Sauveur au Latran, Charles offrit une croix d'or constellée d'hyacinthes pour être portée à toutes les litanies par le pape et tous ses successeurs à perpétuité.

Il offrit en outre à la même basilique une table d'argent massif avec le ciborium de même métal et un évangéliaire enrichi de lames d'or pur et de pierreries.

La basilique de Sainte-Marie *ad prœsepe* reçut d'énormes lampadaires d'argent massif.[1]

Ainsi fut créée, en cette nuit illuminée de Noël, l'alliance souveraine entre la papauté et la royauté par le saint empire romain d'Occident.

« Charlemagne avait cinquante-huit ans. Il y avait trois cent vingt-cinq ans écoulés depuis le dernier empereur, Romulus Augustule. Le nom de César, devenu synonyme du titre impérial, revivait en faveur d'un roi des Gaules, cette terre vaincue par Jules César. Enfin, c'était un pontife successeur de ces papes si longtemps égorgés par les anciens césars, qui ramassait leur couronne pour la poser sur le front d'un conquérant très chrétien.

» La basilique vaticane où cette splendide transformation venait de s'accomplir se dressait sur l'emplacement des jardins de Néron, où jadis les premiers disciples du prince des apôtres, avaient servi de torches vivantes pour éclairer les fêtes nocturnes du fils d'Agrippine.

« De Néron à Charlemagne, quel travail de régénération sociale, quel laborieux mais fécond enfantement! L'Eglise avait pris dans ses bras l'humanité meurtrie, sanglante, broyée par la cruauté idolâtrique; elle en avait partagé les

____

(1) Bibliographie : Eginhard. — *Chronique de Moissac.* — *Le moine de Saint-Gall. Liber pontificalis.* — Darras, *Hist. de l'Eglise.*

souffrances, cicatrisé les plaies en les baignant de son propre sang mêlé à celui du Rédempteur.

» Et maintenant, un empereur dont l'unique programme était d'établir le règne de Jésus-Christ sur la terre et sa paix dans les cœurs, recevait des mains du vicaire de Jésus-Christ la puissance impériale.

» On comprend que pour exprimer tant de grandeurs, de félicités présentes et d'espérances d'avenir, les Romains, en cette nuit de Noël de l'an 800 ne purent trouver aucune parole plus saisissante que celles dont les anges avaient salué le berceau de Bethléem : *Gloria in excelsis Deo, et in terra pax hominibus bonæ voluntatis.*[1] »

L'empire romain, comme le phénix, était donc rené de ses cendres, et ainsi fut frappée la médaille du sacre sur laquelle d'un côté est la figure de Charlemagne avec cet exergue : *Dominus nóster*, et sur l'autre la ville de Rome avec cette inscription : *Renovatio imperii Romani.*

(1) Darras.

QUATRIÈME PARTIE

LE SOLEIL COUCHANT

I

LE CHATIMENT.

L'empereur Charlemagne, néanmoins, au sein de tant de gloire, était triste.

Il pleurait son épouse bien-aimée, la reine Luitgarde, sitôt ravie à sa tendresse. Que n'eut-il pas donné pour avoir auprès de lui son cher Alcuin!

— C'est une honte, lui écrivait-il, de préférer les toits enfumés de Tours aux palais dorés des Romains.

— Je vous supplie, lui avait répondu le vieux et savant moine anglo-saxon, de me laisser terminer mes jours en paix auprès du tombeau du bienheureux Martin. Souffrez qu'un vieillard se repose, qu'il prie dans la solitude pour son roi qu'il aime tant, mais qu'il ne peut plus servir et qu'il se prépare dans la pénitence et les larmes à paraître devant le juge éternel.

Cependant, Alcuin avait appris les événements de Rome et son cœur en avait éprouvé une telle joie qu'il avait aussitôt envoyé au nouvel empereur, une lettre avec cette pompeuse inscription :

« Au seigneur très excellent, digne de tous les honneurs, à Charles, empereur et roi, auguste, très victorieux, très grand, très bon. »

Le vieux serviteur félicite son roi, de la haute et magnifique fortune à laquelle le ciel vient de l'appeler; il le console aussi, car il n'oublie pas que son cœur saigne d'une plaie récente et non encore fermée, et il le fait avec des accents touchants.

Par le même courrier, il lui envoie cette fameuse bible manuscrite, commencée depuis l'an 778 avec l'aide des plus grands savants des Gaules et de la Grande Bretagne et qui se trouvait terminée juste pour le couronnement du nouveau Constantin.

Cependant, l'empereur Charlemagne avait hâte de juger les criminels qui avaient osé porter une main sacrilège sur l'auguste personne du pape Léon.

Par son ordre, on les avait ramenés des Gaules à Rome pour leur jugement solennel.

L'empereur très chrétien, assis sur son tribunal, fit comparaître les coupables devant lui.

On les amena au milieu de toute une escorte de nobles Francs et de Romains qui leur reprochaient hautement leurs attentats et leurs crimes.

Eux-mêmes, accablés de honte, exprimaient leur colère en s'invectivant mutuellement et en s'accusant réciproquement de tous les crimes.

— Maudit soit, criait Campulus à Paschal, le jour où pour la première fois, je vis ta face.

— Sois maudit toi-même, répondait Paschal, c'est toi qui m'as entraîné dans ce gouffre!

Quand ils furent arrivés au pied du tribunal, Charles leur lança un regard terrible et, d'une voix vibrante comme le tonnerre, s'écria :

— Gardes! veillez à ce qu'aucun de ces hommes ne s'échappe!

Le procès était déjà instruit depuis longtemps et les aveux déjà faits par les coupables, leurs crimes si publics et si retentissants n'appelaient plus que la sentence.

Reconnus unanimement coupables de sacrilège et de lèse-majesté, ils furent inexorablement condamnés, au terme de la loi romaine, à la peine capitale par l'empereur.

Cependant, ils ne devaient pas périr.

Dans sa charité apostolique, le pape Léon supplia Charlemagne de leur laisser la vie sauve et de ne leur infliger même aucune peine corporelle.

La condamnation englobait, outre Pascal et Campellus, un grand nombre de patriciens et de membres de la noblesse romaine.

Charles se laissa toucher tout en mettant des bornes à la clémence, et les factieux, condamnés à un exil perpétuel, furent immédiatement déportés.[1]

L'Orient continuait à subir aussi la peine de ses innombrables crimes.

Le trône d'Irène chancelait sur sa base et l'empire de Byzance glissait de plus en plus dans la boue enlisante des derniers temps du Bas-Empire.

Les Byzantins qui avaient déjà tant souffert de l'affreuse tyrannie des eunuques, quand ils avaient saisi le pouvoir, au point qu'ils avaient un proverbe de prédilection ainsi énoncé : « Si vous avez un eunuque, tuez-le ; si vous n'en avez pas, achetez-en un pour le tuer, » allaient retomber encore sous le joug de ces êtres dégradés.

Une révolution précipita Irène dans la captivité et le dénuement, et le trésorier Nicéphore fut acclamé auguste par l'émeute forcenée. Intrigant de basse extraction, introduit à la cour sous le règne de Copronyme, c'était à sa bassesse qu'il devait sa fortune.

____

(1) *Liber pontificalis.*

Son élévation au trône ne devait que l'enfoncer davantage dans les bourbiers du crime à la seule lueur du plus stupide orgueil.

C'était à ce César d'aventure que l'empereur très chrétien de cet Occident qui s'élevait magnifiquement dans les sphères de la civilisation chrétienne à mesure que l'Orient descendait dans la mort, allait envoyer des ambassadeurs pour lui faire connaître, avec toute la prudence diplomatique possible, son avènement à l'empire.

Il voyait des barques scandinaves montées par des pirates
qui osaient naviguer jusque dans les eaux du port. (P. 172.)

II

ORIENT ET OCCIDENT.

Ce furent l'évêque d'Amiens Jessé et le comte Hélingaud
qui, envoyés par Charles à Irène, trouvèrent à sa place
Nicéphore sur le trône de Byzance, et ils purent voir de leurs
yeux dans quel gouffre d'abjection agonisait le Bas-Empire.

On eut dit vraiment que les Grecs, momifiés dans l'or et
dans la boue, n'avaient pas notion de la marche du monde et
se croyaient encore au temps où l'Occident s'éveillait à peine
de la barbarie.

Assurément, ils prenaient Charlemagne pour un roi des
Hérules!

Les deux ambassadeurs revinrent de leur mission sans
avoir reçu les honneurs dûs à des représentants d'un si
illustre maître, et sans présents.

Ils rendirent compte à l'empereur des détails de leur
entrevue avec l'empereur Nicéphore.

— Seigneur, dit le comte Hélingaud à l'empereur Charles,
lorsque le seigneur évêque d'Amiens et moi, fûmes introduits
devant l'empereur grec, il nous dit :

— Les états de mon fils Charles sont-ils calmes et paisibles?

— Oui, seigneur, répondis-je, sauf les révoltes des Saxons

qui sont perpétuelles, l'empire des Francs est en pleine paix.

— Les Saxons, dites-vous, s'écria l'empereur grec, est-ce là une nation avec laquelle mon fils Charles daigne se mesurer? Cette poignée d'hommes est sans nom ni gloire. Je vous la donne tout entière avec ses possessions.

En entendant ce récit, l'empereur Charles fut pris d'un rire de pitié profonde pour un tel orgueil mêlé à une telle ignorance et à une telle avarice.

— Ce puissant empereur, dit-il au comte et à l'évêque, au lieu de vous donner sans garantie le royaume de Saxe qui ne lui coûtera rien à conquérir aurait beaucoup mieux fait de vous octroyer des braies[1] qui vous eussent du moins rendu quelques services pendant un si long voyage.

Nicéphore, en effet, joignait à tous ses vices une avarice sans égale et sans pudeur, connue de tout le monde.

Très longtemps retenus à Byzance avant de pouvoir obtenir audience, après avoir pu enfin remplir leur mission, les ambassadeurs avaient été renvoyés dans leur pays sur un misérable navire à demi pourri qu'il leur avait fallu faire réparer à leurs frais tout le long de la route.

Cependant, Nicéphore, de son côté, avait envoyé dans les Gaules trois délégués pour conférer avec Charlemagne, le ménager hypocritement et tout lui céder, sauf le titre d'empereur que Byzance ne voulait pas reconnaître.

C'était l'évêque grec Michel, l'hégoumène Pierre et le chambellan Calliste.

Leur arrivée fut retardée par leur profonde ignorance géographique de l'empire Franc; enfin, elle fut annoncée à Charlemagne qui était alors dans sa villa royale de Saltz en Franconie.

---

(1) *Unum lineum femorale*, dit le moine de Saint-Gall, en son langage pittoresque. Les braies étaient ce qu'on appela plus tard le haut-de-chausses, vêtement primitif très court et n'ayant de valeur qu'aux yeux des convenances.

Aussitôt, le comte Hélingaud et l'évêque Jessé imaginèrent d'infliger une verte leçon à ces grecs bouffis d'eux-mêmes qui, sans nul doute, s'imaginaient trouver le héros franc dans une hutte de barbare un peu plus grande que celles de ses sujets.

L'empereur se prêta à leur désir de tirer une vengeance innocente des avanies subies par eux à Byzance.

Ce fut le comte qui reçut les délégués, après avoir préparé convenablement toutes choses.

— Seigneurs, leur dit-il, je vais vous conduire au pied du trône de notre maître, le puissant empereur Charles.

Alors, il introduit les trois délégués byzantins dans une première salle richement ornée. Sur un trône, un connétable était assis parmi de nombreux leudes qui lui faisaient comme une cour splendide.

À cet aspect, les députés grecs se prosternèrent dans la poussière, ne doutant pas un seul instant que cet homme majestueux ne fut l'empereur des Francs.

On les laissa faire et, quand ils furent à genoux, le comte Hélingaud leur dit :

— Que faites-vous, seigneurs? Vous vous trompez, ce n'est pas là l'empereur Charles. Venez par ici.

Un peu confus, ils se relevèrent, et l'on pénétra dans une seconde salle également magnifique où le comte du palais, debout au milieu d'un groupe de leudes, conversait avec eux.

— Ah! pensèrent-ils, voici l'empereur Charles, certainement.

Et ils se prosternèrent de nouveau.

— Vous vous trompez, leur dit le comte en les invitant à se relever, ce n'est pas l'empereur, venez par ici.

Et l'on pénétra dans une troisième salle où trônait le préfet du palais en grand appareil au milieu des officiers de sa juridiction.

Une troisième fois, les grecs se prosternèrent, persuadés

que, cette fois, ce ne pouvait être que l'empereur Charles.

Héligaud les releva rudement.

— En vérité, leur dit-il, on croirait que vous n'avez jamais vu d'empereur.

Alors, le comte les introduisit dans une dernière salle d'une somptuosité inouïe. Charlemagne était debout à l'embrasure d'une fenêtre, la main droite appuyée sur l'épaule de cet évêque si mal reçu à Byzance. A ses côtés se tenaient les princes ses fils, déjà associés au pouvoir royal, ses filles dont les riches parures faisaient mieux ressortir encore les grâces modestes et les charmes incomparables, les évêques dans toute la splendeur de leurs insignes pontificaux, puis les ducs, les leudes, les comtes en une éclatante et imposante assemblée.

A cet aspect, les grecs épouvantés tremblèrent de tous leurs membres, sans oser s'avancer, muets, inanimés, ils tombèrent la face contre terre et ne se relevaient pas.

Charles, alors, s'avança vers eux et les releva lui-même avec des paroles encourageantes.

Ils osèrent lever les yeux, mais ce fut pour voir de quels honneurs l'empereur Charles entourait l'évêque Jessé qu'ils reconnurent pour cet ambassadeur si maltraité à Byzance, la peur les reprit et ils se prosternèrent de nouveau, frappés d'épouvante.

Pour leur faire quitter cette posture humiliée, il fallut que l'empereur leur fît serment par le roi des cieux que le passé était oublié et qu'il ne leur serait fait aucun mal.[1]

Les ambassadeurs de Nicéphore s'engagèrent au nom de leur maître à ne plus favoriser les révoltes des ducs lombards; sans reconnaître positivement le titre d'empereur donné à Charlemagne, ils ne contestèrent pas son autorité en Italie, mais demandèrent qu'une délimitation nette y fixât les droits respectifs des deux empires.

(1) D'après le moine de Saint-Gall.

Charlemagne abandonnait à la protection de Byzance les trois cités maritimes du littoral Dalmate, Zara, Tran et Spalatro, les îles vénitiennes et Venise elle-même, qui, d'ailleurs, avait un gouvernement autonome, sous la présidence de ses doges.

Tel fut le traité que signèrent avec regret les ambassadeurs, et que Nicéphore accepta à contre cœur, se réservant de tenter de séduire les populations du littoral de l'Adriatique.

Mais il fut déçu dans son espoir, car ses populations lui préférèrent le héros franc. L'évêque de Zara et le doge de Venise vinrent à Thionville supplier Charlemagne de recevoir leur hommage.

De la fourberie, les grecs passèrent bientôt à la violence, et le roi d'Italie Pépin dut se mesurer à eux dans de sanglantes batailles.

Il resta vainqueur, mais, bientôt, à trente-trois ans, au milieu des plus belles promesses de la vie, alors que les vœux unanimes des Francs le désignaient comme le futur héritier du sceptre impérial de son père Charlemagne, la mort impitoyable l'enleva subitement, laissant ce trône à un enfant au berceau, le jeune Bernard.

Un nouveau traité fut demandé par Nicéphore à Charlemagne après cet événement.

L'empereur d'Occident, déjà âgé, sentant la nécessité et le prix de la paix, souscrivit en 811, aux désirs de l'empereur d'Orient qui, cette fois, ne lui contestait plus son titre impérial.

Toutefois, au bout des délais diplomatiques, lorsque les ambassadeurs de Charlemagne arrivèrent à Byzance, Nicéphore n'était plus.

Une série de malheurs et de défaites dont la cause était dans son imbécile orgueil et sa honteuse avarice, l'avaient mené à sa perte.

Un complot contre lui avait été déjoué et il avait fait périr ignominieusement celui qui s'était promis de lui ravir la vie et la couronne.

Il ne lui en avait pas fallu davantage pour se croire un héros.

Il eut l'audace d'écrire au calife de Bagdad, l'illustre Haroun-al-Raschid, le Charlemagne de l'Orient, cette insolente lettre :

« Nicéphore, empereur des Romains, au roi des Arabes, Haroun.

» Irène vous a payé un tribut qu'elle devait, au contraire, exiger de vous-même. Mais elle était femme et pouvait avoir la faiblesse de son sexe. Restituez-moi sur-le-champ toutes les sommes que vous avez ainsi perçues ou bien mon épée vous y contraindra. »

Le calife haussa les épaules devant une pareille bravade. Sans daigner répondre, il leva une armée formidable, et, sans obstacles, par la Syrie, arriva jusqu'aux frontières de la Phrygie où Nicéphore lui envoya des ambassadeurs lui demander la paix.

Le calife ne se laissa pas prendre à ce piège grossier imaginé par Nicéphore aux abois, pour se donner le temps de réunir des soldats, et il poursuivit sa marche jusqu'à Crase où il rencontra une armée de cent trente mille grecs qu'il tailla en pièces.

Devant quarante mille cadavres jonchant le champ de bataille, Nicéphore implora lâchement la paix.

Le calife la lui octroya en imposant un tribut annuel énorme. Revenu dans ses états, le césar bysantin se remit à troubler l'Eglise et finit par se déclarer manichéen.

Tout à coup, une nouvelle arriva à Constantinople qui remplit Nicéphore de joie et acheva son aveuglement et sa perte.

Le calife Haroun-al-Raschid venait de mourir subitement à l'apogée de sa puissance et de sa gloire; vénéré des musulmans, aimé des chrétiens qu'il protégeait, rien ne manquait à sa gloire, car il était pleuré par Charlemagne.

Nicéphore se réjouit à la pensée que, peut-être, il allait pouvoir, par de nouvelles combinaisons, rattraper l'argent perdu naguère par son orgueilleuse sottise à se mesurer contre plus fort que lui, car le sceptre du prophète était passé des mains glorieuses d'Haroun aux mains débiles de son indigne fils.

Cependant, un roi Bulgare nommé Crum, récemment couronné, marchait de victoires en victoires et étendait les limites de son royaume.

Nicéphore le provoqua aussi insolemment qu'il avait jadis provoqué le calife de Bagdad.

Le résultat fut pour le César imbécile une sanglante et nouvelle défaite dans laquelle, pour comble de malheur, Crum s'empara de la caisse militaire qui contenait une partie des trésors de l'empire.

Nicéphore accusa de lâcheté ses soldats et prépara contre Crum une nouvelle expédition au milieu des malédictions de l'empire qui, pour être délivré de sa tyrannie, proclamait qu'il aimerait mieux subir le joug des Sarrasins ou des Bulgares.

Lâche et superstitieux, le César envoya quelques-uns de ses officiers consulter un saint moine, nommé Théodore le Studite, qui vivait retiré dans une île de l'Archipel et, plus d'une fois, avait été visité par l'esprit de prophétie.

— Vous devriez, leur dit le solitaire, pleurer des larmes de sang. Au lieu de chercher à guérir les plaies qui vous frappent, vous les envenimez par vos basses flatteries. Ne vous suffit-il pas de courir vous-mêmes à l'abîme sans y entraîner les autres avec vous? Le Dieu qui nous écoute et dont l'œil voit toutes choses, vous déclare par ma bouche que vous ne reviendrez pas de cette expédition contre les Bulgares.

L'événement devait justifier la prophétie.

Après quelques avantages remportés par Nicéphore, Crum demanda la paix. Nicéphore, ébloui, la refusa et s'engagea dans les montagnes de la Bulgarie où le dessein de Crum était de l'attirer.

Le roi des Bulgares avait, par de grands travaux hâtifs, obstrué tous les défilés des montagnes, sauf un débouché sur une vallée immense dominée de toutes parts par des rochers inaccessibles et boisés.

Ce fut au fond de cet entonnoir stratégique et sans issues que vint s'enfermer l'armée grecque avec son infanterie, sa cavalerie et ses bagages.

Quand les grecs s'aperçurent de leur folie, il était trop tard. Ils avaient épuisé leurs provisions de bouche et l'ennemi ne paraissait pas.

Enfin, un soir, un vaste incendie éclata comme une couronne de feu sur toutes les crêtes de la vallée immense, c'étaient les forêts d'alentour qui brûlaient, allumées par les Bulgares qui, bientôt, se ruèrent sur les grecs affolés et acculés au désespoir entre le fer et le feu.

Pas un n'échappa. Nicéphore périt comme les autres dans cette sanglante fournaise, et Crum exposa sa tête dans son camp, comme un trophée, au bout d'une pique.

Les ambassadeurs de Charlemagne traitèrent avec son deuxième successeur, Michel Rhangabé, au lieu de traiter avec Nicéphore, et une paix durable fut conclue.

III

LA VISITE DU SEIGNEUR.

Il n'est pas de soleil qui n'ait pas son déclin, tout naît, tout passe, et tout meurt; le temps était venu où le Seigneur allait visiter toute cette gloire et en éteindre successivement les flambeaux.

Naguère, l'empereur Charlemagne, alors qu'il n'était encore que le grand roi Charles, entra suivi de ses enfants dans la basilique d'Aix-la-Chapelle où priait le vénérable Paulin, évêque d'Aquilée, venu au concile de 789.

Charles, ayant fait sa prière, s'approcha du saint et lui dit, en lui montrant ses enfants :

— Seigneur maître, lequel, à votre avis, de ces nobles enfants, doit me succéder dans le gouvernement général des états que Dieu m'a confiés?

Paulin regarda d'abord le fils aîné du roi, nommé Charles, et secoua négativement la tête. Puis, il regarda de même le jeune roi d'Italie Pépin, entouré d'un brillant cortège de jeunes seigneurs, et il secoua de nouveau la tête. Enfin, Louis, étant venu s'agenouiller devant l'autel :

— Voici, dit Paulin, le seul d'entre vos fils que le Seigneur a choisi pour s'asseoir sur le trône des Francs.[1]

Les événements ne devaient que trop justifier cette prophétie.

Déjà la mort avait largement moissonné dans la famille du grand roi. Reines et épouses avaient successivement pris le chemin du tombeau, toutes enlevées par une mort prématurée.

Sa longue vie et son règne non moins long lui donnèrent le triste privilège de conduire le deuil de toutes ses amours et de toutes ses gloires.

Courbé sous la neige de ses cheveux blanchis au soleil de tous les triomphes, il n'avait plus maintenant que des larmes à verser.

Paul Diacre et Paulin d'Aquilée qu'il aimait tant avaient déjà quitté ce monde. Ce fut bientôt le tour d'Alcuin dont la dernière lettre fut pour lui :

« Prince, lui écrivit-il, mon dernier vœu eut été de vous voir une fois encore avant de mourir. J'ai demandé à Dieu cette consolation suprême, mes péchés m'en rendent indigne.

» Je n'ai plus que la force d'invoquer mes patrons célestes, afin qu'ils me protègent au jour solennel du jugement. Que ce jour est en effet terrible et que chacun de nous a besoin de s'y préparer ! »

Le grand moine avait choisi sa sépulture près de l'église de Saint-Martin.

Il tomba malade la veille de l'Ascension et perdit l'usage de la parole qu'il ne recouvra que trois jours avant sa mort, et il murmura alors :

« O clef de David, sceptre de la maison d'Israël, qui ouvrez sans que nul puisse fermer, et qui fermez sans que nul puisse ouvrir, délivrez de sa prison un captif assis dans les ténèbres et les ombres de la mort.[2] »

(1) Vie de S. Paulin.   (2) Antienne de l'Avent.

La tombe se ferma sur sa dépouille et l'on y grava l'épitaphe qu'il s'était composée en vers latins :

« Je fus ce que tu es, un voyageur dont on parla quelque peu sur la terre ; tu seras un jour ce que je suis. J'ai poursuivi d'une vaine ardeur les délices du monde, je suis maintenant poussière et cendre, pâture des vers dans un tombeau. »

Nous avons vu le jeune fils de Charlemagne, Pépin, roi d'Italie, fauché à la fleur de l'âge. Peu après, la princesse Gisèle, sœur du héros et abbesse de Chelles, que Charles aimait tendrement, sa fille Rotrude et son fils Charles émigraient aussi de ce monde.

De trois fils en état de régner et entre lesquels il avait déjà partagé les vastes domaines de son empire, il ne lui restait que Louis, roi d'Aquitaine, et un petit-fils au berceau qui attendait la couronne d'Italie.

Tout le reste de l'empire allait devenir le partage de Louis qui allait recevoir sur ses épaules le terrible fardeau de cette gigantesque gloire.

Charles résolut de l'associer solennellement à l'empire.

— Fils cher à Dieu, lui dit l'auguste vieillard, à ton père et à ce peuple, toi que Dieu m'a laissé pour ma consolation, tu le vois, mon âge se hâte ; ma vieillesse même m'échappe ; le temps de ma mort approche.

« Le pays des Francs m'a vu naître, le Christ m'a accordé cet honneur. Le Christ me permit de posséder les royaumes paternels ; je les ai gardés non moins florissants que je les ai reçus ; le premier d'entre les Francs, j'ai obtenu le nom de César et transporté à la race des Francs l'empire de la race de Romulus.

» Reçois ma couronne, ô mon fils, le Christ y consentant, et, avec elle, les insignes de ma puissance.

» Mais, auparavant, sache l'étendue de tes devoirs. Aime et crains Dieu, pratique fidèlement ses commandements, protège l'Eglise, traite avec bonté les princes de ta famille, aime ton peuple comme tes enfants, prends soin des pauvres et ne nomme aux charges publiques que des officiers fidèles et religieux ; ne confisque aucun fief sans de sérieux motifs et sans procédure régulière. Enfin, vis irréprochable devant Dieu et devant les hommes.

» Veux-tu, mon fils, accomplir tous ces devoirs ? »

— Je vous le jure, mon père, dit Louis, au milieu de ses larmes.

— Va donc prendre la couronne, dit Charles, mets-la sur ta tête et n'oublie jamais tes engagements.

Le jeune prince obéit et se couronna au milieu des acclamations de toute la cour.

— Et maintenant, mon fils, dit Charles, en lui faisant de riches présents, va, retourne dans ton royaume.

Louis reprit le chemin de l'Aquitaine. Charlemagne ne devait plus revoir son fils en ce monde.

Un triste pressentiment sur l'avenir vint assombrir les derniers jours du puissant empereur.

Il était un jour dans une villa royale de la Gaule Narbonnaise lorsque, près de se mettre à table, il regarda par une fenêtre le magnifique horizon de la mer.

Il voyait des barques scandinaves montées par des pirates qui osaient naviguer jusque dans les eaux du port.

Des larmes coulèrent de ses yeux et comme ceux qui l'entouraient n'osaient l'interroger sur la cause de sa tristesse :

— Savez-vous, dit-il, pourquoi je pleure si amèrement? Certes, je ne crains pas que ces misérables barbares me nuisent par leurs actes de piraterie ; mais je m'afflige, que, moi vivant, ils osent aborder ces rivages, car je prévois de quels maux ils accableront dans l'avenir mes descendants et leurs peuples.

Hélas! le grand empereur voyait juste ; mais, qu'eut-il dit au spectacle futur de la Gaule dévastée dans toute son étendue et des ruines fumantes de son cher palais d'Aix-la-Chapelle, sanctuaire de sa jeune gloire et cher asile de ses vieux lauriers?

L'Eglise fut l'objet de ses dernières préoccupations et cinq conciles furent tenus dans les Gaules presque à la veille de sa mort.[1]

Leurs canons furent envoyés à Aix-la-Chapelle et leur examen par une assemblée d'évêques et de seigneurs, fut la dernière œuvre de Charlemagne, qui la sanctionna dans un dernier capitulaire et en rendit les décisions obligatoires pour tout son empire.

La consternation accabla tous les cœurs; seul, le grand cœur de Charlemagne était calme.

Le 20 janvier de l'an 814 il se sentit touché par l'aile sombre de la mort.

Le septième jour de sa maladie. il ordonna à l'archichapelain Hildebold, archevêque de Cologne, de lui administrer le saint Viatique qu'il reçut avec une piété forte et sans trace d'émotion humaine.

On était au 28 janvier. Charlemagne souleva péniblement son bras droit, fit le signe de la croix et murmura les paroles du psaume : « Seigneur, je remets mon âme entre vos mains. »

Il était neuf heures du matin. Charlemagne n'était plus.

Ainsi mourut à soixante-douze ans, après quarante-sept ans de règne dont quatorze d'empire, ce héros qui, jamais, n'avait connu la défaite sur les innombrables champs de ses batailles et que la mort elle-même baisa doucement mais ne vainquit point, véritable épée et bouclier de l'Eglise qui l'honore comme un bienheureux et dont la mémoire gigantesque est à jamais fixée à l'horizon de l'histoire comme le soleil même de la gloire religieuse et militaire de l'Occident.

---

(1) En 813 à Arles, Châlons-sur-Saône, Tours, Rheims et Mayence.

Charles fut revêtu de ses insignes impériaux et on l'assit dans son tombeau, sous les dalles de la basilique d'Aix-la-Chapelle, sur un trône d'or, la tête couronnée, la main gauche appuyée sur un riche évangéliaire et la droite sur son sceptre d'or.

Tant de richesses couvraient un cilice dont on le trouva revêtu après sa mort.

Comme s'il n'eut attendu que le coucher de ce soleil sublime, le pape Léon III, après un pontificat de vingt ans, cinq mois et seize jours et d'innombrables et douloureuses fatigues, s'endormit à son tour dans le repos éternel, le 12 juin 816.

Déjà, de sourds frémissements ébranlaient le sol italien, les vieux germes de révolte s'agitaient de nouveau dans l'ombre des conjurations éternelles des méchants et ce fut le chagrin qui hâta la fin du pontife contre lequel s'aiguisaient de nouveau de sacrilèges poignards.

Mais l'idée théocratique catholique avait vaincu et triomphait par le saint empire romain d'Occident.

TABLE DES MATIÈRES.

TROISIÈME PARTIE.

L'EMPIRE D'OCCIDENT.

QUATRIÈME PARTIE.

LE SOLEIL COUCHANT.

9 782019 977160